詞策畫：

立臺灣師範大學教育學系

灣教育社會學學會

真先生學術基金會

建教育基金會　國立教育資料館

教育名家 論教育

EDUCATION

主　編：財團法人臺北市賈馥茗教授教育基金會

副主編：周愚文　洪仁進

 心理出版社

作者主要經歷簡介

賈馥茗　國立臺灣師範大學教育研究所所長、考試委員、
　　　　國立臺灣師範大學教育學系名譽教授

伍振鷟　國立臺灣師範大學教育學系主任、研究所所長、
　　　　文化大學教育學系主任、教育學院院長、國立臺
　　　　灣師範大學教育學系名譽教授

歐陽教　國立臺灣師範大學教育學系主任、國立臺灣師範
　　　　大學教育學系名譽教授、中國文化大學教育學院
　　　　院長

黃昆輝　國立臺灣師範大學教育學系主任、研究所所長、
　　　　台北市教育局局長、臺灣省教育廳廳長、內政部
　　　　長、總統府秘書長、資政、國立臺灣師範大學教
　　　　育學系兼任教授

郭為藩　國立臺灣師範大學教育研究所所長、校長、文建
　　　　會主委、教育部長、駐法代表、國立臺灣師範大
　　　　學社會教育學系名譽教授

黃光雄　國立新竹師專校長、國立臺灣師範大學教育學院
　　　　院長、國立中正大學教育學院院長、講座教授、
　　　　吳鳳技術學院講座教授

目　錄

　　John Dewey（1859-1952）說，「教育是經驗的重組與再造」，旨哉斯言。因為人類的可貴，不只是被動適應環境，更重要的是他們會累積經驗，進而主動創新文化。因此，教育前輩的一生經驗，是十分珍貴而值得後輩學習的。於是國立臺灣師範大學教育學系單文經教授熱心奔走，規畫「教育名家講座」系列，商請國立臺灣師範大學教育學系及臺灣教育社會學學會共同主辦，臺北市財團法人賈馥茗教授教育基金會、劉真先生學術基金會、李連教育基金會、國立教育資料館共同贊助協辦。此一系列講座於九十四學年度假國立臺灣師範大學教育學院舉行，共邀請六位傑出的教育名家主講，上下學期各三位，首場是賈馥茗教授，之後依序是伍振鷟教授、歐陽教教授、黃昆輝教授、郭為藩教授、黃光雄教授。他們共同之處是都畢業於該校教育系所，曾受教於文化教育學派名師田伯蒼先生，學成之後均返回母系所執教，並多曾擔任該系所主任或所長，作育英才無數。他們的學術專長，涵蓋教育哲學、中國教育思想與歷史、道德教育、教育政策與行政、高等教育、特殊教育及課程等領域，且均為當前各

該領域的大家。此外，黃、郭二先生更曾擔任省級以上教育行政機關首長，擘畫我國教育政策方針，影響國家教育發展。因此，他們六場演講，不只是個人長期學術研究的心得，更融入了數十年獻生教育界的寶貴經驗，理論與實務自然結合。

　　每場演講會舉辦時，參與者相當踴躍，反應熱烈。為了使更多人受益，《教育資料與研究》雙月刊曾陸續刊載演講內容及講者生平小傳。然有鑑於前述呈獻方式有些分散，無法完全凸顯此次名家講座的特色與集體貢獻，因此本基金會特別徵得主辦單位同意及六位講者授權，將講演內容集結成冊出版，書名訂為《教育名家論教育》，以饗後學。由於出版計畫是事後規畫的，因此每篇文稿呈現的體例無法一致，部分是現場講演紀錄（含問題討論）修正稿，部分是講者講後修訂之文稿，但是這些絲毫不減全書價值。

　　書中賈馥茗教授畫龍點睛地指出「教育的真諦」無他，就是「教人成人」，由自然人成為文化人。伍振鷟教授剖析現代世界三大學術思潮（征服自然、生存競爭、資本主義），剖析對人類的影響，最後希望從中國傳統思想中為人類找到出路。歐陽教教授則由「特化」（specialization）概念的分析，進而討論教育、人性、自然與文化，最後點出教育的淑世功能，無論是在教育思想、教育制度或教育器物各層面，都要注意「特化」的問題。黃昆輝教授累積數十年豐富的行政經驗，重新詮釋教育行政決定的重要理念，最後點出教育

行政決定不但是科學，更是藝術；不但要把事情做成，更要能做得圓滿。因此做決策，不只要智慧，更要有勇氣與決心。郭為藩教授把握時代脈動，分析網路對當前校園文化的衝擊，在校園認同與人際關係等方面都產生相當影響，前者出現新且多種認同，後者造成虛擬世界與現實世界的疏離，原有道德與價值觀念的動搖，致使傳統校園特質漸趨模糊，校園文化變質變調，「非校園化」的校園文化正在形成中。最後，黃光雄教授從歷史角度，扼要回顧美國十九及二十世紀課程研究的變化，又由其中看到美式課程對我國教育影響的影子，並對我國未來課程研究重點課題做出提示，即是學習者、社會及教材。除針對個別面向進行研究外，更應注意彼此間的關係。

於此，謹向主辦的國立臺灣師範大學教育學系、臺灣教育社會學學會，及協辦的劉真先生學術基金會、李連教育基金會及國立教育資料館致謝，對於負責規畫與推動之單文經教授、張建成教授及湯仁燕博士的辛勞表示敬意，以及對於負責編輯出版本書的周愚文教授、洪仁進教授、劉子菁小姐及心理出版社表示感謝。

財團法人臺北市賈馥茗教授教育基金會　謹識
二○○五年仲夏

1

教育的真諦—教人成人

✍賈馥茗

國立臺灣師範大學教育學系名譽教授

一、從認識人開始

(一)人的生物性

在教育方面，我相信各位知道的應該比我還多，只是根據個人長久以來的經驗發現，或者有些地方還需要我們重新再探討一下，再商榷一下，因為教育跟歷史和人生一樣的，都在沿著一個進步的歷程在進行，所以沒有哪一個時候、哪一件事，能夠說是已經做得盡善盡美了，因為我們一定要自己有這個心理準備，希望越做越好，因為教育的對象是人。

(二)人的獨特稟賦

人這一類，各位知道，我們都在這一類之中，要自命不凡的說：「人為萬物之靈」，沒錯，跟地球上各種物類比較起來，哪一種物類比人更聰明？有嗎？哪一位承認自己不如一個動物聰明？沒有喔！是啊，人是聰明的。

(三)個體人的需要

就因為人太聰明,所以離開了原來生存的大自然,自己創造了一個人倫環境,也就是我們現在所說的人類社會,在這個社會裡頭,人的確有了無可勝數的進步。可是,也有一些方面,就是我們自己也感覺到不滿意,因為在人類社會裡面生活,跟大自然的生活完全不同。生活在大自然,依動物界來說,只依照自然的規律而生活,沒有超出本能的界限,而生物界只有兩項基本的本能,第一項是取得食物以維持生命,要向自然界去覓食,這要靠自己的本事,找得到,就有得吃,就不至於餓死;找不到,那麼就像 C. R. Darwin(1809-1882)所說的,被環境淘汰了。第二個本能是延續族類,在動物界都有固定的發情期,到了發情期,兩性結合,繁衍下一代,這是大自然所賦予動物的本能。所以,牠們只要能夠滿足這兩項基本需要,就可以活下來了。

(四)人在社會中可能的改變

然而,人類已經進步到了不是直接向自然界去覓食,而是加上了人工,也就是人類憑著自己的智慧,有了創造和製造,創造是從無到有,製造是增加了需要的工具。因此,人

類社會一方面維持生命的物質、綿延族類方便得很，不必像
動物般的依靠大自然要先爭鬥一番，所以，地球人口要爆炸
了。這還很簡單，問題是，因為人類的需要增加得太多太多
了，不只是維持生命所必需的物質，而是在這種物質之外，
人類有了更多的需要，這種需要並不是必需，而是我們所說
的欲望。自己想要的不一定能得到，怎麼樣才能滿足自己的
欲望呢？看看誰有，就把它拿過來，將別人的據為己有，可
以不勞而獲。可是這種情形，使得人類面臨了一個困難，因
為雖然我們認為人比物類聰明，可是聰明得太過分了，就變
成了自私損人，損人以利己，因此本來人都要倚賴無數的人
才能生活的，變成了互相爭競，甚至於殺伐。各位要是不相
信我這句話，你來看看你眼前的東西，有幾樣是你自己製造
的？沒有更多的人在那兒製造，無論是生活必需的或者不必
需的，哪一個人都很難生活下去。所以我常常勸我的朋友，
當你開車堵車的時候，別罵前面那些個開車的人，因為在無
形之中，你曾經得到過他們的幫助，你才能活下來在這裡開
車，要是沒有我以外的更多的人，我根本無法活下去。

　　這一點使得人在人類社會生存時，必須要知道一些應該
要知道的事項，這些事項只靠本能沒有辦法知道，更沒有辦
法懂得，所以才需要教育，而教育所要教給人的，在人類社
會裡，如何能夠憑著自己的能力，維持自己的生活。在這個
條件下，就是絕不容許侵犯別人，因為人類的聰明，自己也

已經建立了很多的理論，要公平，要講人權，講公平，就是要大家分配得合理，沒有倚輕倚重的差別，要講人權，就得承認每個人都是人，每個人都跟我一樣，他也有跟我一樣的生存權利，我沒有權利剝奪他或者影響他的生活。這個道理就成了現代很多人討厭的「道德規範」。大家一說起道德就皺眉頭，其實道德規範就是教人知道，在哪些方面應該約束自己，以便於跟別人相處，以便於從別人那裡取得合作跟幫助。因為，如果群體裡沒有秩序與規範，每個人都可以任意而為，可以想像，地球上七十億人會是什麼樣子。所以這些道理是在人類社會進步以後，一些智者發現的，所以我這裡說，教育的真正意義，是要教自然人，如何在文化進步之後，變成為文化人。

二、教育的確切目的

(一)培養品格

　　文化人之不同於自然人，如我們說的，自然人帶著原始的野性，動物在看到食物時爭奪，強而有力的得到食物，弱小的就只好挨餓。人不願意這個樣子，人希望有吃的，大家

都能夠吃得到，因為都是一樣的人，這一點，如果照我們的孟子說，是從人的四個善端之一的惻隱之心發展出來的。自己有東西吃，不忍心看著那個餓著肚子的人在那裡餓得有氣無力，所以即使食物不夠，也願意跟他分享，使他多多少少有點吃的，不至於餓死。這一份心意，存在人類與生俱來的情感之中，但是這種情感，我們經常把它忽略了，這個惻隱之心，出於情感之中的愛，我們也叫作仁慈，在中國的倫理道德裡頭叫作「仁愛」。

其實，我們的原始情感照中國來說：喜、怒、哀、懼、愛、惡、欲。愛就夠了，還加個「仁」做什麼？沒有人不懂得愛對吧！大家講愛已經講得天翻地覆了，愛好像充斥於宇宙之間，可是就在這種愛充斥之中，還互相爭鬥，互相鉤心鬥角，互相殺伐。那份愛難道只放到兩性之間嗎？像這些情形，假如我們推源溯始，可以知道，是應該明白它的意義，然後才知道為什麼要做，但是當我們被情感所蒙蔽時，理智就不再發生作用，因此，常常自己做錯了，事後也覺得後悔與懊惱，但那已經沒用了。

(二)發展才能

要讓人從小就知道如何把愛心推展開來，推到所有同類的人身上，擴大到異類的物上，無論有生命或無生命的物，

都可以把這種情感寄託上去。對於有生命的物，我們不忍心殘害牠的生命，對於無生命的物，也要有一分愛惜，不要浪費，因為地球的資源還是有限的，浪費得太多，我們若干代以後的子孫就真正的要受貧乏之苦了。

所以我要說，人最好能夠了解文明社會和野蠻之間的差別。因此，我們的長者、智者，他們看清楚這種情形，才提出了人對於自己的居心和行為，有需要遵循的規範。當然，到了二十世紀末期，在我們的學說之中，個人主義特別旺盛，我就是老大，唯我最尊，「只要我喜歡，有什麼不可以？」做廣告宣傳是要聳人聽聞，沒有錯，但是，你要有理智，要想一想宣傳用語合不合理，天下、世界、地球，或者是一個小社會，不只是我一個人在這兒活，在我以外，還有很多很多的人同時在活，只要我願意，把你們都殺光！可以啊？反過來，要是另外一個人說：「我要殺你。」你願意嗎？我願意了，別人不見得願意啊！我們怎麼可以說出這種話來，所以站在教育的立場上，我要說，受過教育的人，不應該說出這種話來！今天很多的資訊，說話只求聳人聽聞，理性在哪裡？

三、教育的施行

(一)確定施行策略

　　因此，我們的教育就必須從幼年開始，小孩剛生下來，無所知也無所能，完全靠成人指導他、教誨他、訓練他，因為沒辦法，他生活的是人倫社會，不是自然界了，他必須適應人倫社會，將來在這個社會裡頭，才能夠獨立生活，要講自由、獨立，要有相當的本事。所以從小就要讓孩子知道，在人類社會裡，有些是你應該做又必須做的。另一方面，也有你不願意做但還是必須要做的，在這兩者之間，是你喜歡而不應該做的，你就不能做，一個是你不喜歡而應該做的你就得非做不可。人生而為人，沒有絕對的自由，尤其是生活在人類社會，這是一個群居的環境，在這個環境裡頭沒有絕對的自由，也沒有一個人一廂情願的願意。因此，照我這個說法，大家儘管不同意沒關係，回頭我們再來討論。

(二)培養教育實行者

生而為現代社會的人，從小就要培養這種意識，應該做的可以做，即使不願意也得做，不應該做的不能做，即使你喜歡還是不能做。就是這樣，所以對於幼兒的訓練，有指引、教導，也有禁止，沒有說只須誇獎而不許說一句「不」的，如果是這樣，好像當時這個孩子是高興了，可是日後他的生活會有大問題，這樣的愛，不是真正的愛，甚至於「愛之適足以害之」，這就是人之所以需要教育的最基本、最簡單的道理：要生活。

為此，長久以來，無論是先進國家、後進國家，都沒有忘了「教育」這兩個字，也沒有忘了教育這回事。所以，我們從大致上的情形來說，一個國家要使自己富強，必須教育國民，使每個國民都有獨立謀生的能力，這才是富強的基本，所以教育成了一個國家施政的重要一項。這一項，如果是普遍的教育每一個人都能學會、都能做到，我們訂一個最低的標準，那就是讓他做一個好人。這個好人也不一定要把一輩子存的八萬美金捐出來，而是他憑著自己的本事維持自己的生活，不妨礙別人，當然更不傷害別人，我們就可以叫他是好人。如果每一個國家裡每個人都做到這一點，各位想想看，那該是什麼狀況？相反的，假如這個國家裡有很多有錢人，

錢多得花不完，花百萬千萬的去減體重，另外的一些人沒飯吃得跳樓，這該怎麼說啊？所以，國家要富強，要有基本的好國民，因此教育政策就要訂得高明一點，能後顧也能前瞻，後顧是根據人類進步的歷史，摘取其中的優點，放在教育裡，作為教育決策；前瞻是要往前看、往遠處看、往大處看，看將來希望的、可能的發展，換句話說，絕不是朝令夕改。

　　所以，我常常有機會就要這樣說，教育決策決定一項作為，就好像下一個賭注，賭錢，賭輸了，沒關係嘛，錢嘛！死了，一文也帶不去，輸掉了，省心，省得為它操心了。教育可是只准贏不准輸的，因為，輸不起。一項教育措施如果輸了，拿什麼賠？那些受了錯誤教育的孩子，你怎麼給他們彌補？他的生長發展的時期已經過了，他在錯誤的教育之下已經定型，你還能改嗎？改一個人是那麼容易的事嗎？所以，教育決策必須是非常非常慎重，我自己學教育，我從前上課的時候也常常跟同學們說，你們學教育的，千萬要記得，你說一句話，如果你那個學生不願意聽，沒關係，說錯了，他沒聽見；假如他聽了你一句錯話，你可能就害了他一輩子，所以我們當老師的說話，都不能不十分慎重，唯恐自己說錯了一句，對聽話的人發生太大的影響。

　　一個國家為了國家，為了人民，所以實行教育，所以辦了很多學校。各位都有過學校經驗吧！但是，既然學校分級，教師根據過去的經驗，是依照兒童以至於成人生長發展的階

段訂的，所以，小學叫兒童，以我們現在的國中階段來說，叫少年，高中是進入青年前期，大學是青年，這也只是為了說話方便做這樣的分類，各位千萬別以為，昨天高中畢業，今天進到大學，這中間是一刀兩斷的，那不是的。這個生長發展是一線相連，一貫下來的，前一步的經驗仍然對後一步有相當的影響，所以，在每一個階段，都應該針對學生的需要，提供適合他們學習的材料。

(三)職責：了解教育的「主體」是學習者

　　好像是中外一體，從有教育的事實起，根據我們所知道的紀錄，一開始就用了「教育」這個字，「教」是從年長的那邊做主動的，「育」當然也是；可是有些時候、有些地方、有些學校有教而無育。本來「教育」這個字在我們中國的典籍裡頭，我自己查到的，最早是出現在《孟子》。雖然在《孟子》之前，事實已經存在了，孟子說的這個名詞是「得天下英才而教育之」。可是，無論中外，一樣的，把主體放在「教」的人身上，是那個教的人主宰了「教」，而真正需要學的人，在「教育」兩個字裡面看不見！他是被動的，因為有人教，所以他就得學！各位都讀教育系的吧！你們從來沒有懷疑過，為什麼只講教育而不講學習？真正教育的主體是誰？是校長？是老師？真正的主體是需要教育的人！所以我

一直對這個名詞懷疑，一直想給學生來個翻身，把他們提到主體上來，讓教育變成了輔助的，教育至少是輔助的，把主體放到學生身上去，那樣的話，老師還能隨便罵學生，甚至於打學生嗎？

就因為我們把本來是一片仁愛之心，要提拔後進，要指引他如何生活，這是一團善意，怎麼會變成打學生、罵學生這種惡劣的表現呢？這是因為你沒把那個真正需要學的人當作主體，只把他放在被動的地位上，所以各位，你們年輕，你們前途無量，用一下你們的智慧想想看，用個什麼名詞，可以讓學習人的主動地位表現出來，來代替我們「教育」兩個字，「我變成了後現代了」！

如果，依我們中國的教育歷史來說，我們總是把孔夫子教弟子放在第一位上，各位不妨去查查《論語》，我沒叫你去念《論語》，你不見得喜歡念，你去查查《論語》裡，看看第一，孔子有沒有打過學生？第二，孔子罵了幾個學生？他罵了一兩個，可是他那個罵，只有罵子路是當面罵的，罵樊遲，是他在出去後才罵的，他罵得也不重，沒有傷害到學生的自尊。

至於後來各位聽到的三家村老師什麼打學生腦袋，什麼打板子的，那是末流，不是正規的教育！真正正規的教育不是這樣的。這在西方我所知道的就不一樣，西方體罰學生，老師可以把學生吊起來打，因為他們賦予老師極端的權威，

老師可以這樣責罰學生。當然，體罰本來就是不對的，甚至於口頭的責罰對於一個人自尊的傷害也不亞於體罰。所以，老師看到學生有不當的表現，說他一句，同樣的從這個嘴出來，怎麼說都可以，說得當，讓學生心生感激，也有警惕，他會改過自新；說得不當，傷害了他的自尊，認為他受到了侮辱，他可以變本加厲，所以，教育工作者，各位有很多念教育系，將來要不改行，大概就當老師吧！要當老師或者做教育行政工作，我認為應該先自己建立幾個信條。John Dewey 就有一段他說《我的教育信條》，各位看過沒有？不妨去找找看，我是提出了幾點，來跟各位商榷一下。

四、教育信念

我認為，從事教育工作者的信條，第一，先要知道，教育是成人的工作，要成人，先要成己。如果各位去看看《禮記・學記》，那裡有兩個名詞我覺得非常有意思，一個是「師」，一個是「教者」。各位要知道，在《禮記》裡，它為什麼用了這兩個名詞，去找找看這兩個名詞的內涵和意義有什麼不同。「教者」，假如我們說白了，好聽一點的叫「教書匠」，只會照本宣科；不好聽的話，就是混飯吃的。所以先要成己，那就是自己必須先修養自己，我認為你只要具備

兩個條件就夠了，我真的已經讓步又讓步，讓到最後，我只提出兩項來。這就是從事教育工作的人，應該秉持這兩項作為自己從事工作的態度，作為自己立身行事的原則。

第一點，是「仁」，我為什麼不用「愛」？愛不好嗎？各位都有過被愛的經驗吧！被人愛是相當幸福的，但是如果愛得太多，讓你無法承受；愛得不夠，你又覺得太缺少，所以要怎麼樣不多又不少，恰如其分呢？要用理性來調節原始的情感，讓它剛剛好，不多也不少。這種實例我想各位隨便去找找都可以找得到，不是太多就是太少，至於那不是愛的就不用提了。非逼著孩子幼稚園就學英文、畫畫、鋼琴，一直逼到要考一百分，這是愛嗎？就為了他將來要出人頭地，奇怪了，騎到別人肩膀上要出人頭地，那個馱著你的人不辛苦嗎？愛不是這樣的，像這種家長，因為自己沒有念過大學，要孩子一定要念大學，念到博士更好，這是愛他嗎？這是愛還是自私？用孩子來滿足自己的缺陷，這個絕不能算是愛，愛他，要根據他的狀況，幫助他、指引他，而不是根據我的標準要他怎樣就怎樣。他有人權，就算他是你的孩子，他還是人，他還有人權，別忘記這一點。所以，我們從事教育工作的人，對學生要用恰如其分的愛來教他。其實，愛別人是有所愛，愛別人也是一種幸福，你們各位之中，有沒有愛人的經驗？我不是指兩性，就算你不願意用「愛」字，就用「喜歡」，你喜歡過一個人吧！別限定在兩性之內，當你對一個

人存在著一份愛意的時候，你的心裡是什麼感覺？甜甜的，暖暖的，很舒服，不是嗎？大家說愛說得震天價響，你給愛下個定義，什麼叫作愛？「愛是一種溫柔親切的感受」，當你存在著這種情感的時候，你會覺得心裡頭暖洋洋的，很舒服就是了，所以無論是有所愛或者被愛，都是一個讓人喜悅的感受，每個人都願意有這種經驗，如果從事教育工作的人，看著學生，別嫌他「你怎麼今天不把臉洗乾淨？」「你怎麼不把扣子扣好？」你別這樣看嘛！你看他臉沒洗乾淨，那小髒臉也不錯嘛！扣子沒扣好，沒扣好開著一個口通通風，也許他熱了，這樣一想，你還會罵他嗎？更不要說他考試少了一兩分了，那也不值得不愛他呀！這是第一點。

第二點，是「誠實」的「誠」字。誠實、誠懇。這個大家都知道，不用再解釋了，哪一位敢說自己從來沒說過謊話？在這裡大家大概受到一個學說的誤導，有所謂之「誠實的謊言」，什麼講道德的兩難，不是在講嗎？一個醫生對一個要死的病人，你是告訴他你要死了呢？還是告訴他你病不重，你還可以活下去？這為兩難，我告訴你，別胡拉混扯，醫生對病人宣示他的生死，那是他的專業，他要斟酌病人的狀況，病人是一個達觀的人，而且對生活很負責的，他要知道自己的死期，好安排在死以前他要做什麼，你告訴他，對他沒有不好的影響。對於怕死的人，你和他說「你那麼怕死做什麼」？有那麼不通氣兒的嗎？所以在這一方面，根本不是用

道德來限定的，不要亂用。所謂欺騙，多半出於損人以利己的時候，那才是不應該，誠實待人，沒有什麼不好，也許你誠實待人，會使對方不高興，譬如說，「唉呀！你怎麼胖這麼多？」〔張主任〕「便當吃太多」，很誠懇啊！我說這是實話呀！如果我說：「唉呀！你怎麼又瘦了，好苗條啊！」這好聽，但是，這兩種不同的話，你說跟不說有什麼關係嗎？你不要騙他，你可以不說〔張主任〕「騙一下好！」那這個就要依對象為轉移，他要吃，騙你就騙，他要也是個老老實實的人，你就不能騙他，騙老實人不厚道。可是，我們忽略了一點，我們常常騙自己，自己還不知道，對吧！

　　所以，《大學》裡頭說：「誠其意者，勿自欺也。」要誠，先從不騙自己開始，這明明是現在就得做的，「唉唷，我好累啊！睡一覺再做吧！明天做也可以。」這是騙誰？你明明明天要考試，這騙誰呀！假如我們知道，對自己先誠實，對別人也誠實不欺，應該是無論對己對人，都是做得到的。

　　所以我只要求這兩個條件。當然，人總是人，有時候我今天的的確確累了，這件事又非做不可，「唉呀！文經啊！你過來幫我做這件事，我去睡一覺。」也沒有不可以，要是他願意也可以，可是他不高興那就不行了，不是嗎？但是總而言之，應該以誠實為原則，我認為這應該是教育者的信條之一。

　　其次，作為教育工作者必須有責任心和責任感，一定要

認真負責，不要推諉，不要找藉口，該做的，就是得做。我說說自己的好話，我有一點表現得很誠實，我們這裡有很多過去上過我課的朋友，那個時候他們認為我很凶，常罵人，所以我很誠實地告訴他們：「現在，你這裡不對，我有責任告訴你。」多半是寫報告或口頭報告，我說：「我現在告訴你，等你畢了業以後，再拿東西給我看，我可就不說嘍。」那個時候我要做好人，我只說「好」！請問你，那個時候我說一百個好，對你有什麼好處？如果我把那時候說的一百個好，現在說給你，對你有什麼用處？所以，如果各位當老師的時候認真，就別怕學生罵，他今天罵你，有朝一日他會明白過來，就不罵了，如果他罵你一輩子，你也聽不見，你又不老跟著他，沒關係的。

第三點，教育工作應該有工作精神。因為教育工作跟下賭注一樣，賭注不能輸，工作不能等到事過境遷，所以必須把握機會，要做就得做，而且應該做，立即做；應該做，馬上做。沒有其他選擇。

至於教育研究，從一九五〇年代起，在美國看到他們的教育研究，我就非常感慨。因為各位知道的，在二十世紀前五十年，兩次世界大戰，使得科學突飛猛進，成了無上的顯學。他們所謂的科學是自然科學，理工、數理，不是這個領域的就「不科學」，所以教育就被看作不科學的一個科目。教育界當然不甘落後，非要把自己變成科學不可，怎麼變？

第一，用測驗，數量化。第二，匯集瑣碎的事實，所謂之「實證」。所以教育博士論文，要寫哲學或史學的人，教授不指導，因為不科學。教育想要數量化，各位如果你現在正在當老師，看看你那些考一百分的學生，一百分的、九十八分的、九十六分的跟那個考五十分的比較比較，他們的差別在哪裡？在考卷的分數以外，那個人本身有什麼差別？他們的表現在行為，不是在考卷上。

　　如果你把一個原來考三十分的學生，教到他能考四十分、五十分，以至於六十分，這才是你的成績。你把一個原來遲到早退、不守規矩的學生，能夠教得他不遲到不早退，不擾亂教室秩序，這就是你的成績，考多少分不是最主要的。

五、研究進取：教學相長

　　現在我們的教育研究，論文有兩大議題，量化與質化。我倒是對於量化、質化沒有偏見，我希望看見的教育研究，是對教育事實的改善和進步有幫助的。明明是一個錯誤的決策，大家也在那兒分工做研究？而在教育研究裡，竟然拿外國的標準來衡量研究的品質，這個我實在不懂！教育是為教育本國國民而實行的，我們對其他國家的教育，當然希望知道，這個沒錯，但我們要按著他們的做，這確是他們的好。

你們忘記了教育不只是在學校裡，你整個的大環境對學生的影響力絕不亞於學校，所以教育離不開哲學，離不開史學，離不開社會學。不以這些為基礎，你十萬八千里的把外國的拿來，外國的教育家替我們研究教育了嗎？我們研究教育的成果為什麼要用外國的標準來衡量？而有些教育論文還限定用外文發表。我想現在距離世界大同還遠得很，有幾個外國人會關心我們中華民國（現在還是不是中華民國不管它了），會關心我們的教育？我們是那麼關心別國的教育了嗎？人同此心，心同此理啊！你研究了自己的教育，用外文寫，本國人至少有一部分人看不懂，給外國人去看？這是什麼意思我一直搞不懂，我說句自己最沒出息的話，我一輩子沒參加過國際教育會議，我不想跟他們去說中國的教育，中國的教育說好是我們自己的，說不好不是丟人嗎？

在教育研究方面，理論的也好，實證的也好，最好是對實際的教育有些貢獻，至少我們應該做這樣的期望，是不是？所以那些熱心教育的，研究教育的，我只希望他們明白一點，第一，忘了自己，別老我、我、我；第二，別以自利出發。所謂自利，並不是光說拿研究費，藉此出名，不是也是一樣嗎？反正現在大家所追求的是三個字：名、利、權，希望教育研究別落到這個陷阱裡頭去，教育研究也應該著眼於當前和未來無數世代受教育的人，那才是我們的希望。

對不起，今天浪費了各位的時間，我這個人一向說話是

前言不搭後語，請各位多多原諒。反正每次講完了以後，我自己回去想一想今天胡說了什麼，然後我就自己很難過，我講一次起碼要難過半個月。好，各位有什麼問題，我們大家商榷商榷。

六、提問與討論

〔張建成〕我們非常謝謝賈老師，今天賈老師講的都充滿了教育意義，所以回去基本上不會太難過，不過賈老師終於自己承認了一點，她過去實在很凶，在座各位應該都知道，我記得我在念博士班的時候，賈老師一看到我就說我要留級，還沒念呢我就要留級！一留就留到今天，我在想原來是賈老師叫我來主持她的演講，不過這是自己拍自己馬屁了。從剛才的演講，各位可以發現賈老師用非常深入淺出的方式，提到教育的真諦，各位想她講得那麼簡單，接下來我們要怎麼做呢？你不要怕，我們這些弟子會做複雜的闡述，我們會寫很多東西讓你去讀，讓你去背，雖然賈老師沒有提到這個理論那個理論，但我們都有，我們感謝賈老師的栽培。接下來就把時間開放出來給大家提問，每一位發問請言簡意賅講重點，問問題不要超過三分鐘。

問（譚光鼎教授）：剛才老師講到一個東西，我們大概很多人心裡都有感觸，就是老師說教育決策就好像是下賭注一樣，當然只能贏不能輸了，我比較關心的就是說，如果教育決策真的像賭注，做錯了，那後面該怎麼辦？

答：我沒辦法，我老了，你是校長，你去想辦法。

問（王秉倫老師）：老師特別知道我們兒童的教育要給予道德涵養種種，以當前這個教材到底要給哪些比較適當？在小學幼兒的階段，我們可以看到一些推動讀經教育的，或是宗教方面有一些靜思語教學的，在我們正規的教育裡，可以給孩子哪一些可用的教材？

答：關於幼兒教育，我介紹你一本書，不是自己炫耀，I. Kant（1724-1804）寫了一本《論教育》（*On Education*），我跟幾位博士班的同學上課的時候，合著把它翻譯過來，不過早期也另有譯本，不大一樣，所以我們翻譯的這個譯本後面，又加上前面幾屆同學研究，從嬰兒出生一直到兒童的教育注意事項，你可以拿來參考一下。主要的，在幼兒階段照 I. Kant 的意思是堅持訓練是應該的，應該的就要做，不可以的就得禁止，到小學的教材，應該先了解這個小學階段的兒童，他們的發展狀況和他們的能力所能接受的學習來規定，這個各方面現在研究很多，心理學研究、生理學研究，比較教育也研究，去找一找，

這些材料不難找到的。

問（僑生）：剛剛老師您說我們教育工作者不應該有個人主義，但是我們現在臺灣的教育經常就是自己的學生應該愛自己的國家，不去強調大愛，希望畢業生可以去自己國家，教給自己的國家，為什麼教育不能夠強調看整個世界，為什麼我們教育不強調這種大愛？

答：現在的教育是這樣嗎？光愛自己的國家不愛別的？有嗎？是你在課堂上聽的還是在書本上看的？〔都有〕，喔！那也許有些著作者他們的書還沒出版，因為光顧自己都顧不過來了，沒有精神顧到外面去了。

問（單文經教授）：這十幾年來，我們本國搞教育改革搞得轟轟烈烈的，一九九三年一套課程標準才弄完，一九九七年又弄一套課程綱要，簡單的來講就是，老師您在此地也有幾十年了，這十多年所謂的教育改革、課程改革，您能不能給一點評論？

答：我一輩子不願意批評，從教改開始以後，有時候有演講，就有人問我這個問題，我說我對現行的事情不批評，人家也沒有請我參加，我不了解狀況，亂說話是不對的，不過，我們集刊上，我曾經寫過一篇〈教育的適應性與不變性〉，就是說，教育有確切不移的，那是教育的大

原則，教人成人這是確切不移的，你不會把人教成老虎吧！教育要有適應性，因為人類社會時時在進步，社會狀況不同，教育也要有適應的方面，當然，我並不是說社會風氣變壞了，你的教育也教壞的，我不是這個意思喔！主要的是，在人類進步方面，有很多新材料、新知識出現，這是教育要改的。說坦白一點，說要改的是教材，而教育方針是確定不變的，至於因為教材的改變，實行上可能要有些配合，這是必然，所以我那篇文章寫得很早，現在我還是這樣的看法。教材可以變，隨時都要變，而教育方法要變，先要經過試驗，你想做得好是你想，你要從學習的成果上來判斷你這個方法好不好，所以一定要試驗。可是過去我們曾經也有過試驗，那不叫試驗，我不知道該叫什麼，一紙政令一下，就要全體執行，根本不知道它好不好，那不對啊！你怎麼能確定它一定好？那是我自己想的，萬一壞了呢？當我想時我就光想好，就絕不想壞，教育是你想到好的時候同時也要想到可能的壞，因為你要預防那些個壞的發生，它才可能好。所以我說教育要改變就要很慎重，你得考慮到改是因為現在見到有不好的，改是要改好，同時你也要想到在你改的過程當中，改的方法當中，會有附帶的產物，就是壞的，你要能預先防止那個壞的出現，你成功的機會才大。所以，做實證研究不是就得做實驗。但是

做實驗不能盲目，有一次一位別的學校教研所同學來問我，他說他那個時候要寫碩士論文，他準備找小學兒童看電視，做實驗。我問他你準備給孩子們看什麼電視呢？他說我要給他們看那些個暴力的、打鬥的，看他們受影響的情形。結果你可以想像他準是挨了罵，我說你就為了你這篇論文，你要得碩士學位，要害多少孩子？你沒有想到他們看了這些電視節目，受了壞影響，你怎麼辦？你想了沒有？所以我是把他罵了一頓。

問（單文經教授）：老師容許我再續著問一下，剛才譚校長他暫時停了，不過我看能不能續著問下去。這幾年大家都同意，可能我也觀察到，有些教育決策者他們也很為難，因為他們如果要做一些根本的改變，要做一個革命性的改變，可能要付出代價，或者是附帶的一些配套措施要花很大的投資、成本，但是如果只做些微的改變，累積式的，小小的改變，似乎又變得不夠大，所以這拿捏之間，這十年來是有些亂了分寸，我的一點點的感觸，不知道老師對這個感觸有什麼看法。談到這個錯、這個賭，有時候到底要大賭一番，還是要小賭一番，如果說決策真的是像賭的話。

答：你這個問題出發點就錯了。在教育裡，如果有所作為，可能是創新，有所改革，是改善，都得針對實際。在實

際上的的確確有需要去做或是改，根據實際來策畫，用不著考慮受到什麼阻力或能不能實行。我認為是對的就得做，我剛剛說從事教育工作，要有責任感，就是要有肩膀，你要能扛。我認為這個對，我就要據理力爭，據理力爭不是跟人家去吵架，是看你的聰明用什麼方法，你能夠在公共場合取得大家的信任，公共場合不行，私下裡一個一個說服不行嗎？現在這個社會不挺實行這個的嗎？所以，你要認為這個是對而且必需，你就要想到怎麼樣去做，不是說關於這個措施是大或小，當然，當你發現了很多問題，你想一下子都改，在教育也不容許這樣，蠻幹是不可能對的！所以你得分別輕重緩急，選擇最重要的，一步一步的來，教育是百年樹人，不是變魔術。所以就用不著畏首畏尾了，現在你就有真理擺在這，我照理行事，當然這中間有困難，都那麼容易就誰都能做了，要你幹什麼，你能突破困境，做你該做的。說白了，就算你是一個教育部長，我要提一個教育政策出來，你要賭氣，到立法院說：「你們給我通過，不通過，我就摜紗帽。」這沒用，你摜了紗帽還有別人來，一句話你就可以讓它通過：「你們有沒有子孫？我為你們的子孫著想啊！我想的是為他們的，你們去決定吧！我旁邊喝茶去了。」我就沒聽見哪一個在審查預算的時候說過：「你們立法委員先生們，我做的是為你們教育

孩子的工作啊！」我沒聽過有哪個人這樣說過，大家都搞錯了。

問（洪冬桂教授）：第一個問題，老師今天的講題是教育的真諦，就是教人成人，如何把一個小孩從自然人變成文化人，我的第一個問題是，是「誰」來決定什麼樣子的文化？有誰來決定嗎？誰有權力做這個決定呢？以老師的觀察，目前這樣現狀的文化，是不是老師所講的文化？對於目前的文化現象，老師的看法是什麼？第二個問題，老師剛才特別提到說，教育的主體是學生，而且也談到了人權，那麼目前的現狀是，有相當多的教育工作者是朝這個角度在想，就是說受教者的權益應該怎麼樣的來保障，但是，後來老師所談的多半在教育者應該要做一些什麼，譬如說他的信條、他怎麼做研究，是不是老師您今天這樣講，是為了彰顯主體是學生，或者說，當教育工作者是這樣做的時候，會比較有利於受教者，也就是學生？

答：第二個問題容易回答，是這樣。因為我說學生當主體，才要教育者有這些信條，才能把他們教好，並不是又賦予了教育工作者權威，我完全沒這個意思。至於教育工作者能夠信服這幾個條件，秉持這幾個條件來負責任事，學生的學習效果才能夠出現。妳第一個問題，「文化」

從字面講，是跟野蠻相對，現在的文化我不叫文化，反正現在誰說都對嘛，現在有文化嗎？文跟野是相對的，統統都是野蠻的現象，哪裡還能叫文化？因為本來若干年來，大家濫用名詞，什麼「文化」、「次文化」（sub-culture），什麼意思嘛？那個英文裡頭左下角給你下個註腳，這根本是難登大雅之堂的嘛！次了還有文還有化？這文化要有個水準，所以我說的文化最低限度，是說進步的合乎道德、有文采的才叫文化，我寫過一本《全民教育與中華文化》，妳沒看過，回頭我送妳一本，文化絕對有它的標準的，不是自己叫文化就是文化了。

問（梁恆正教授）：今天老師所講的都是很有智慧的話，看起來簡單，其實從知識提升到智慧，非常不容易，我想我還沒有這個智慧。不過我想順著洪學姊剛才所問第二個問題，我們說老師都擺在上位，怎樣去轉移過來，這要去思考。我們講兒童本位，重要的應該是，我們怎樣把權威放掉。我覺得老師所說的信條裡面再加一條就可以解決。《說文解字》也說「上所施，下所效」，上面的人怎麼做我們底下跟，但是你要上的人要怎樣，就要加一條就是保有赤子之心。這一點我不知道老師同不同意，如果保有一種小孩子不斷學習的潛力的話，老師就會回頭想想自己的角色，就會以較低的身段跟學生互動。

我也利用這個機會向大家說明，各位不要只看這一張講義，各位知道老師今年八十歲，還能夠用電腦打出一本書，真是了不起。我還知道，最近她用電腦打了十七萬字的一本書。我想這一點就是保有赤子之心的最佳寫照。雖然七八十歲才開始學電腦，像我教電腦教了二十幾年，我還沒有用電腦打出一本書的經驗。我要說的就是，老師本身是一個教育家，仍然保有一直不斷在學習的精神，像小孩子一樣一直在成長。如果能夠把這一點加在教師的信條裡面，可能就比較能夠達到老師剛才講的。我這樣的想法，不曉得老師同意不同意？

答：你講得很好，青出於藍。事實上，假如教育工作者真的秉持著仁心來對學生，那個仁心也就是赤子之心。一個幼稚園教師不能不懂得幼兒心理，小學老師不能不懂得兒童心理，中學老師要懂得少年心理，因為他們每一個階段都有不同的特徵，他們的各種狀況不一樣。所以教育工作者應該了解對象，你看《禮記・學記》裡對於學生的心理描述，絕對不亞於現在的教育心理學，要了解學生的困難，要了解學生學習的失誤，我只是沒有說得很詳細就是了，你應該再寫篇大作加上去。

問（同學）：現在教師除了面對學生，還要面對家長，老師雖然秉持教育理念，但是家長可能只重視成績，面對與

家長、學校衝突時，該如何自處？

答：我知道這個問題是現在很普遍的現象，現在的教育不知道從何說起了，沒有一處沒有問題，家長干涉校務，干擾教學，這是非常反常的現象。家長干擾到了非常不合理的地步。在學校裡，老師不敢駁斥家長，校長不敢得罪家長。儘管只是少數不怎麼講理的家長，但是對於老師和校長的的確確造成了困擾，而且我知道的比你還多，有些家長的孩子在學校感冒了，一個電話就打給教育局長：「老師不給我的孩子穿衣服，讓他感冒！」這成了什麼社會？老師跟家長意見不合，我們是希望老師可以以尊重家長的態度，把他不合理的想法給化解，那得跟他溝通，當然這不是說話那麼容易，應該是這樣做，校長一方面因為現在有選票決定你這紗帽戴不戴，顧忌得多了，也不敢得罪家長。不過我常常想，因為這個情形我知道好久了。我知道當初有一位校長，很多年前，那個時候的社會不是這樣的，有一個家長去找校長，要求校長說管理方面有什麼不合理，那位校長那個時候沒有紗帽的顧忌，就桌子一拍，「你的孩子在我學校裡就得聽我的，回家聽你的！」當校長的對家長，如果他不講理，我覺得也可以拍桌子，老是委曲求全，人就是這樣欺軟怕硬，你越軟他就越硬，你要硬起來了他就沒氣兒了。

（張建成主任）首先我們謝謝各位提問，有的人挨罵了，有的人被誇獎，有的人被開示了，也有的人賺到一本書，正如子曰「因材施教」！有些人我想應該還是要感謝一下，各位手上拿到一份《賈師馥茗先生小傳》，這是我們留英的博士林逢祺林教授所作。賈老師住在達觀，這上面有寫，待會我們會請本系一位葉坤靈葉老師送賈老師回去，葉老師是賈老師的關門弟子，但是這門老關不起來，因為他老不畢業，不曉得葉老師在不在，我們感謝他一下。另外本項活動有兩位贊助者，一位是教育資料館的陳館長，另外一位是李連教育基金會執行長羅虞村羅教授，好！我們非常謝謝。

一般循往例，在一場演講完了以後，主持人要做一個總結，但是我今天基於兩個理由不能做總結，為什麼，因為萬一我做得不好，賈老師會罵我，萬一我結得太好，有洩題之嫌，所以各位回去做一個總結。最後，我們在師大念書的時候，我們私底下非常尊敬的暱稱我們賈老師叫作賈媽媽，今天在座我看有很多二十啷噹歲的，對你們來講，應該是賈奶奶，所以最後我們是不是大聲的一起說謝謝賈奶奶。

「謝謝賈奶奶！」〔會眾〕

謝謝各位參加今天的講演，謝謝大家。

（本講演實錄係由國立臺灣師大教育學系博士班劉子菁同學整理）

2

中國教育思想與人類前途

✍伍振鷟

國立臺灣師範大學教育學系名譽教授

　　中國有數千年的歷史文化傳統，在近代與西方文化接觸以前，因無比較，優劣得失難以顯現。及至近代西方科技挾排山倒海之勢進逼，中國的人文精神乃相形見絀，節節敗退。檢討反省的結果，結論是「全盤西化」，甚至「一面倒」。自貶自抑，莫此為甚。百餘年的變法維新，自強圖存，一至於斯，良堪浩嘆。

　　「全盤西化」與「一面倒」是否為救中國的正確處方或續命金丹，嚴格地說，應從一切根本的源頭教育思想加以檢視。因為教育思想乃是一切革故鼎新的動力，其方向正確與否，關係到所有政治、經濟、社會與文化變革的結果與成效。

　　談到中國近百餘年來的變法、自強運動，抱殘守缺的「中體西用」，甚至頑固不化的「保存國粹」的想法，固不足取，但捨己耘人的「全盤西化」，及完全與中國傳統斷絕的「文化革命」，亦難謂允當。持平之論，無論是變法與圖強，基本的原則應該是取人之長，以補己之短。而取長補短，首要之務，在於知己知彼，確知別人之長與自己之短。其次，是善加選擇，如人之長不能補己之短，或棄己之長而取人之短，則效果適得其反。中國近百餘年的變法圖強，就是犯了病急亂投醫的毛病，既不知己知彼，又不能善加選擇，盲目仿效，全盤移植，結果不是未能對症下藥，藥到病除，就是橘逾淮為枳，不適國情。清末迄今的歷次教育改革，成效不彰，其故在此。

　　由此看來，中國教育思想未來發展的趨向如何，一方面是要能擇善而從，不可對外來的理論學說，不分青紅皂白，囫圇吞棗，照單全收。一方面也不妄自菲薄，對於自己傳統文化中的優良成分，不但予以保留，並且應該發揚光大。如此，中國教育思想在未來人類生存與發展的前途中，自有其別樹一幟與不可或缺的貢獻。

一、主導現代世界的三大思潮

　　不可否認的，主導近數百年來世界學術思想的，是所謂的西方文明，而其中又以「征服自然」、「生存競爭」與「資本主義」三者，更是風靡全球，歷久不衰。當然中國近百餘年變法圖強所要學習與引進的，也以此三者為主要內容；其餘則因影響難與此三者相提並論，在這裡不備述。

㈠「征服自然」的狂妄

　　西方的科學技術發達，係以理性為基礎。自 Aristotle 倡言「人是理性的動物」，理性主義一直居於西方哲學思想的主流。至近代 R. Descartes（1596-1650）建立理性主義的思想體系，更主張數學為一切學術的基礎；理性主義可說是西方

學術思想的火車頭，帶動所有的學術研究，特別是自然科學，向前奔馳，也因此而建立了以科技為主軸的西方文明。理性主義發達的結果，最主要也是最深遠的影響，便是人與自然的對立，認為人憑藉理性可以完全認識自然，並進而可以征服與利用自然，尤以近代物理科學突飛猛進，更增加了人類的狂妄以及對自然的予取予求，以為人是萬物的主宰，而地球上的資源也是取之不盡，用之不竭，可讓人類任意榨取、揮霍，甚而破壞、毀滅。結果造成物種絕滅、生態破壞、資源枯竭、環境污染諸多嚴重後果；而其中任何一項，均足以威脅人類的生存與發展。以最為淺近而又直接的環境污染所造成的後遺症為例，近年因空氣中二氧化碳的增加而形成的「溫室效應」，已導致氣象的劇烈改變，如寒暑失常、水旱不均等，均已使人類感受到自然反撲的威力。至若更因此而促成「冰河期」的提早到來，那麼地球上所有的生物，主要是人類，恐怕都會民無孑遺了。

語云：「天作孽，猶可違，自作孽，不可活。」儘管危機迫在眉睫，但絕大多數人卻似乎無動於衷。一九七二年聯合國召開世界環境會議，發表《只有一個地球報告書》（*Only One Earth*），結果並未引起大家的重視。一九九二年在巴西的里約熱內盧舉行的環境與發展大會，通過多項環境保護的文件，但由於美國拒絕履行義務，致決議形同具文。接著一九九七年在日本簽訂的〈京都議定書〉，也因為美國的不肯

承諾負起應盡的責任，結果又是難以付諸行動。

　　由此看來，人類今天已面臨如此日益迫切威脅人類生存與發展的嚴峻情勢。嚴格地說，除了改弦易轍，不再與自然為敵，而與自然和諧相處，尤其不可迷信科學主義，妄圖征服自然之外，恐怕沒有第二條路可以選擇。由於上述諸項問題所涉及的層面既深且廣，絕非少數人的覺悟與行動可以奏效，因此，必須以教育的力量，喚醒「地球村」的全體居民，建立共識，然後大家群策群力，朝著正確的方向努力、前進，才能矯正前此所犯的錯誤，而有利於人類未來的生存與發展。在這方面，中國教育思想負有不可推卸的責任。

(二)「生存競爭」的扭曲

　　自一八五九年C. Darwin（1809-1882）發表《物競天擇》（*The Origin of Species by Means of Natural Selection*）論著，主張物種進化，乃生存競爭的結果，唯「適者生存」（the best-adapted of life survives）。此即舉世聞名的「進化論」或「達爾文主義」（Darwinism）。姑且不論其理論的建立僅根據局部的例證，是否具有普遍的有效性，其應用於物種之一的人類，實然與應然之間，豈可一概而論，而不加以抉擇。孫中山嘗言：「物種進化以競爭為原則，人類進化以互助為原則。」如若「人是理性的動物」此一命題為真，則人類越進

化，其理性越成熟，而具有成熟理性的人類，難道對於物種競爭的「弱肉強食」不覺怵目驚心？對於人類競爭的「自相殘殺」毫無悲憫之情？不幸的是，自進化論一出，即舉世風靡，甚至不少人文與社會學者，如 H. Spencer（1820-1903）之流，亦主張「最適者生存」（the survive of the fittest）的原則，一體適用於人類的生存競爭，此即所謂的「社會的達爾文主義」（Social Darwinism）。此論一出，正迎合了當時盛行於歐美的帝國主義，不僅大肆擴張在各地的殖民地，並且還有人提出「白人的負擔」（the burden of the white）的口號，以美化其侵略、掠奪，甚至屠殺與滅種的藉口。在眾多的帝國主義的競爭中，以英語民族的成果最為豐碩，大英帝國在世界各地都有殖民地，號稱日不落國。其後雖各殖民地相繼獨立，但英語民族佔有世界大部分適合人類生存的土地。其中又以美國得天獨厚，成為帝國主義中的後起之秀，今天更是世界唯一的超強，集政治、軍事、經濟與文化帝國主義的大成，成為全方位的帝國主義。

在帝國主義列強瘋狂地在世界各地開疆拓土的同時，彼此之間，有時因利害相同而採取一致行動，如英法聯軍及八國聯軍對中國的侵略，有時又因利益衝突而相互大打出手，如西英爭霸、美西戰爭及日俄之戰等。當然，最大規模的互鬥，莫過於兩次世界大戰。坦白的說，兩次世界大戰，都是列強因分贓不均而引起的，絕非義戰，而戰勝者亦不代表公

理或正義。這些都是 Darwin「生存競爭，優勝劣敗」理論種
下的禍根，赤裸裸地呈現弱肉強食，強權即是公理的殘酷現
實。

　　經過兩次大戰的慘痛教訓，人類似乎小有悔悟，先後成
立國際聯盟與聯合國，以維護國際秩序與世界和平。但這兩
個國際組織，都因為強權大國的自私自利，不肯全力支持，
以致均未能發揮應有的功能。尤以近年來在「文化衝突」理
論的煽動下，宗教與種族的戰火此起彼落，從未停息，最近
甚至假反恐之名發動侵略之實的不義之戰。除此而外，在經
濟大國的主導之下，成立了「世界貿易組織」（WTO），推
行自由貿易，以利先進國家剝削貧窮與落後地區，使財富高
度集中，造成國與國與一國之內貧富差異擴大，形成富者越
富，貧者越貧的現象，在生存競爭的困境中，貧者將永無翻
身的機會，成為優勝劣敗的被淘汰者。

　　反映在教育的理論與實施上，幾乎是無時無地、無人無
事不爭。由於競爭過於激烈，故惡性競爭的策略與手段更是
層出不窮，不論教室裡的考試，或運動場上的競技，均無公
平競爭可言，弱勢者往往輸在起跑點上，幾無獲勝的可能。
由於所有的考試與競技，第一名只有一個，而在長期惡性競
爭的情況下教育出來的人，人性中善良與光輝的一面已消蝕
殆盡，殘留下來的都是自利、冷酷甚至殘忍的一面。補偏救
弊，富於人文精神的中國教育思想，理當多盡一份心力。這

與聯合國教科文組織（UNESCO）憲章中所說的道理：「戰
爭發動於人心，因此和平的堡壘亦當在人心中建立。」可謂
不謀而合。

(三)「資本主義」的罪惡

　　帝國主義與資本主義，可說是一對連體嬰，並且相互勾
結，狼狽為奸。在資本主義可以用商業欺騙的手段巧取豪奪
時，帝國主義則在幕後享受掠奪的果實；如資本主義遭受到
抵制或反抗，則帝國主義必露出猙獰面目為其撐腰，以砲艦
或航空母艦為其打開血路，剷除障礙。當年的鴉片戰爭與今
日的中東戰爭，藉口雖異，本質則一。由此可見，帝國主義
成為資本主義的前鋒，也為其做後盾，真可說如影隨形，同
惡相濟。

　　資本主義根據 M. Weber（1864-1920）的說法，是在基督
教教義的孕育下誕生的。不論早期的掠奪金銀財寶，生產原
料，或其後的搶奪殖民地、販賣奴隸，無一不是與帝國主義
聯手打劫，結夥為非作歹。而在此過程中，教會亦從未缺席，
一方面蠱惑人心，使被侵略者與受壓迫者不知反抗，一方面
又略施小惠，為侵略者及壓榨者美化形象。由此可知，帝國
主義的罪惡，就是資本主義的罪惡，同樣危害世界，同樣荼
毒生靈，必須讓全世界的人認清其面目。進入現代，銀行與

貨幣制度建立，金錢的威力乃更無遠弗屆，而資本主義亦如水銀瀉地，侵入現代人的日常生活，進而影響、支配、甚至宰制人類所有的活動與生活，並扭曲、改變人類生存的價值觀，一切向錢看，就是最好的例證。最近資本主義更發展到知識經濟的層次，國家與個人競爭力的高低，決定於所受教育品質的優劣，落後地區與弱勢族群，由於立足點的不平等，所受教育的品質既落於人後，則未來的競爭力自難與人並駕齊驅，最後必定永無翻身之日。

資本主義發展至今天，似乎已所向披靡，難以遏止。揆其原因，在於資本主義本質中所具有的非道德傾向，使其如水之就下，滾滾洪流，氾濫成災，不能自止，最後必定自我毀滅，無可救藥。分析資本主義如癌細胞般的分裂與發展，一發不可收拾，主要原因約有以下三點：

‧利用人性的弱點

人性的本質是善是惡，迄今尚無定論；但人性中具有趨善或趨惡的傾向與可能，應非過論。就人性趨向惡的發展而言，如荀子所言：「人生而有欲」，既有欲則不能不求，如「飢而欲飽，寒而欲暖，勞而欲休」及「薄願厚，狹願廣，貧願富，賤願貴」等，資本主義就是利用人性中的這些原始傾向，用盡各種方法與策略，不擇手段地誘惑、驅策甚至脅迫人去追求上述各種欲望的滿足。本來人追求欲望的滿足，

只要知所節制，手段正當，且不損人利己，應不構成為惡。
無奈在資本主義的蓄意安排與精心策畫下，使人的欲望不斷
膨脹、增多，商人更利用誇大不實的宣傳與廣告，誘騙消費
者上鉤，購買他們所推銷的產品，藉此牟利。如果是合法的
經營與合理的利潤，尚為情理所容，亦是基督教教義所鼓勵
的。但事實大謬不然，奸商們在利欲薰心的驅策下，見利忘
義、偷工減料、仿冒偽造、囤積居奇、高抬物價，甚至製造
與販賣黑心商品，置消費者的健康與生命於不顧，目的只在
賺錢。目前更手法翻新，利用人性中貪圖小利與眼前享受的
弱點，在各種媒體上大打廣告，以美麗包裝的謊言，誘騙涉
世未深的青少年，辦理信用卡與現金卡，立即痛快消費，而
不知在高利息的剝削下，已負債累累，如家長無力或不肯施
予援手，則這一批年輕人的下場將會很悲慘，不但後半輩子
為債所逼，甚至終身信用破產，在社會上難以立足。

　　商人為了達到賺錢的目的，不擇手段地利用好話說盡的
廣告、刺激、引誘、甚至創造人們的消費欲，固然其心可誅，
但消費者不知自我克制，心甘情願讓人牽著鼻子走，不能不
說是咎由自取。教育豈能袖手旁觀，不加提醒並施以援手。

・貪得無厭的開發

　　資本主義為了達到經濟繁榮，提高生活水準的目的，一
方面提倡「以消費刺激生產」，形成社會普遍的奢侈浪費之

風。而為了提高生活水準，一般人即使是寅吃卯糧、借債度日，也在所不惜，刷爆信用卡、用現金卡借款，只貪圖一時的享受，卻不知後患無窮。另一方面為供應日益增多的市場需求，也必須大量開發天然資源，以促進經濟的成長。殊不知經濟的成長不可能沒有極限，而資源的枯竭卻指日可待；如此一來，舉世都在為爭奪資源而鬥得你死我活。爭奪資源的方式，過去是帝國主義以武力開疆拓土，現在則是強權大國以球員兼裁判的方式，訂立遊戲規則，強迫弱者遵守。即使萬不得已而必須使用武力，也要假借一個美名如「反恐」之類，以為遮羞之用。由於以武力爭奪的方式漸漸行不通，即使不得已而為之，亦利害參半，因此唯一可行的方式，便是向自然無窮無盡的開發與掠奪，而其後果，則是超過自然的再生能力，導致天然資源的提早枯竭。最明顯的例子，乃是石油還可以開採多久的預估；預估年限的長短雖然不一，但共同的觀點卻甚一致，即年限越來越短。因此石油的價格不斷飆漲，石油危機發生的頻率亦日漸增加。雖有可能開發新的替代能源，但不是緩不濟急，如太陽能，就是有後遺症，如核能。向自然開發與搶奪資源的另一嚴重後果，是生態破壞與環境污染。每當發展經濟與保護環境及生態矛盾、牴觸時，犧牲的永遠是生態與環境。特別是資本主義的宿命，間歇性的經濟衰退發生時，各國政府均採取擴大公共建設的方式來度過危機。其實就在這種殺雞取卵、竭澤而漁的加速榨

取下，天然資源必然提早枯竭，因此解救的效果，不過是飲鴆止渴而已。然而，古典的自由資本主義堅持市場經濟的法則，批評計畫經濟為「到奴役之路」，不肯有計畫的調節供需關係，以節省資源的浪費，亦可避免經濟危機的頻頻發生。而在完成現代化的過程後，資本主義更進入壟斷的資本主義時代，透過銀行貨幣機制與知識經濟的運作，企業兼併的結果，其規模已大到無任何外力可以節制，資本主義更是如脫韁野馬，向前狂奔，其勢不至地球與人類同歸於盡而不止。

・貧富差距的擴大

　　人類社會財富分配的不均，起自私有財產制，而隨著生產工具的改良，生產規模的擴大，差距有日益擴大的趨勢；這種情況在工業革命後更為明顯，如今兩者之間的差距已呈現霄壤之別。加以政治力量的介入，權力永遠掌握在少數人手中，當權得勢者，過去為專制帝王及貴族，今天則是少數有錢參選的資產階級，理所當然壟斷了全人類社會絕大部分的財富，如巴雷多法則（Pareto's law）所描述：「百分之二十的人，擁有百分之八十的財富，而百分之八十的人，卻僅有百分之二十的財富。」其實到了壟斷的資本主義時代，財富更是高度集中，北美與西歐富豪寵物度假一天的開銷，足夠非洲一般人民一百人的生活所需，貧富差距之大，由此可見一斑。貧富懸殊造成人間多少的不平、痛苦與罪惡。

　　面對如此悲慘的事實，也有少數悲天憫人的才智之士，起而倡導合乎社會正義的社會主義，如英國的費邊社（Fabian Society）及今天西歐各國的社會黨或工黨，企圖以立法的手段，推行社會福利政策，以舒緩因貧富差距擴大而造成的不平現象。不過，手段溫和，進程緩慢，收效不宏，於是遂有馬克思主義者起而進行暴力革命與階級鬥爭，以期達到無產階級專政的目的。雖然革命的風潮至今仍在世界各落後地區餘波盪漾，並且也一度在政治腐敗與貧窮地區獲得成功，取得政權。但當權得勢後，權力使人腐化，馬克思主義「已淪為一種紀念品」，共產黨人除了清算鬥爭、獨裁專制之外，對於如何實現共產主義的烏托邦理想，似乎拿不出令人滿意的成績。久之，內部人民不堪長期過著忍飢挨餓的生活，又外有資本主義物質生活的引誘，於是人性的弱點終於迫使空有理想的共產黨員妥協，走上市場經濟的回頭路，要建立「有中國特色的社會主義」。原因無他，在於人性的弱點只顧眼前一己的小利，而不管未來全人類的大害。社會主義「各盡所能，各取所需」的理想，終不敵資本主義「各盡所能，各取所值」的現實，具有使人去努力工作的誘因（incentive）。且要富人心甘情願將辛勤工作所得用於為窮人謀福利，無異與虎謀皮，說來容易做來難。至於少數狡黠之徒，寧可坐領救濟金也不肯努力工作，亦貽人以口實。凡此皆有賴具崇高理想富人道精神的中國教育思想，淨化人心，做好心理建設，

始克有濟。

二、中國教育思想如何補偏救弊

　　以上摘要將主導數百年來世界潮流的主流思想，對現今全人類所造成的不良後果與災難，簡單敘述。但這並不意味這三種思想學說一無是處。相對的這三種理論也對人類的生存與發展，在一定的時空範圍內有其貢獻與良好的影響。以科技的進步為例，醫藥、農業、交通等方面的發明與改良，使人類的生活蒙受其利。但瑕瑜互見，一段時間之後，不良的後遺症便浮現出來。最有代表性的例證，便是 D.D.T.的發明與使用，在當時幾乎被認為是靈丹妙藥，但今天卻因為其對環境與生態所造成的長期傷害，而全面禁用。其他如核能，究竟為禍為福，應否全面禁止，迄今爭論不休，尚無定論。至於生存競爭與資本主義，亦是如此；從短時間與局部範圍來看，是有利的，但從長遠與整體來看，卻是不利的。最痛苦的現實教訓，就是台灣近幾年來的天然災害，不可否認的是為了經濟建設而超限開發，包括濫墾、濫伐與濫建所造成的結果。利弊得失，不問可知。其餘事例尚多，限於篇幅，不一一詳述。

　　上述主導現代世界的三大思潮，都是西方文明的精華，

也是中國近百餘年來變法圖強所極力仿效並引進的。不幸的是，由於求治心切，如前所述，既不知己知彼，又不知慎加選擇，以致良莠不分，一體全收，結果是「取長補短」的效果所得有限，而「棄長取短」的苦果得長期承受。亡羊補牢，猶為未晚，面對日益嚴峻的情勢，我們是否應深切反省，針對主導現代世界的三大思潮所造成的不良後果與災難，就我國文化之所長，透過教育思想以影響與改變人類思想與行動的功能，盡其綿薄，俾有利於人類的永續生存與發展。

在這方面，西方少數有識之士亦曾論斷「西方的沒落」，並預言「文明的曙光來自東方」，或者推測「二十一世紀是中國人的世紀」。平心而論，我們不但不能因此而沾沾自喜，相反的，我們應深切反省與檢討，中國文化固有所長，實亦有所短，要以中國教育思想去影響與改變人類的思想與行動，俾有利於人類永續的生存與發展，自亦應包括中國人在內。否則，便不免貽人義和團之譏。中國文化與受中國文化薰陶數千年的中國人，不自覺甚至引以為傲的缺點，舉其犖犖大者而言，如中國文化最重孝道，副作用是過分強調「不孝有三，無後為大」的觀念，導致「多子多孫」、「重男輕女」的風俗習慣，在今天男女平權與世界人口增加的壓力下，已不合時宜，此其一。其次，中國人常自詡「吃在中國」，又加上進補的觀念盛行，於是山珍海味，無所不吃，對生態與物種的保護，均造成難以彌補的傷害，此其二。第三，可說

是知識分子專有而又無可救藥的痼疾，便是「學而優則仕」的傳統，過去是十年寒窗，如今則是投身選舉，雖然表面上標榜「以天下國家為己任」，但骨子裡卻大多數是以「升官發財」、「光耀門楣」為目的，真正憂樂天下的，鳳毛麟角。其餘缺點尚多，不勝枚舉。

　　談到中國文化中可以補偏救弊，而有利於人類永續生存與發展的部分，一得之愚，以為有以下三點：

㈠人在宇宙的定位

　　中國人對宇宙抱持一種整體的觀念，認為天地是一個大宇宙，而人則是一個小宇宙。人與宇宙不是隔絕的，當然更不是對立的。陸象山說：「宇宙內事即己分內事，己分內事即宇宙內事。」莊子亦倡言：「天地與我並生，萬物與我為一。」表面上雖各有所指，但實質上的觀念一致，都在強調人與天地萬物是和諧的、一體的，而非矛盾的、對立的。雖然儒道兩家對於人與宇宙的關係抱持相同的觀點，但表達的方式或切入的角度卻不盡相同；儒家重在仁道，而道家偏於自然。儒家之重視仁道，蓋本於「天以生為道」，而「生生不已」現象，便是天道的呈現，也是仁道的根本。以此，儒家認為「能參天地之化育」，即為聖人，而聖人因為能與天地合其德，故能「以天地萬物為一體」，具有民胞物與的精

神，亦即所謂「天人合一」的境界。孔子是儒家的宗師，也是仁道的倡始人，《論語》一書中提到仁道的章節最多，惟多言人事而鮮及天道，其最切近天道之言，為「天何言哉！四時行焉，百物生焉，天何言哉！」不僅彰顯天地生物之德，亦與道家自然無為之旨若合符節。其後儒者主張仁道以親親為大，而君子更應「親親而仁民，仁民而愛物」，以充分發揚仁道精神。宋代理學昌盛，理學家中闡揚仁道精神的，以張載的〈西銘〉與程明道的〈識仁篇〉最為精闢而有新意發明。〈西銘〉主張「天地之塞吾其體，天地之帥吾其性；民吾同胞，物吾與也」，二程推崇其「意極完備，乃仁之體也」。〈識仁篇〉則言：「仁者渾然與物同體。」而學者要識仁，當觀「天地生物氣象」，如「周茂叔窗前草不除，問之，云與自家意思一般」，便是對仁道精神的真實體會。

至於道家主張人與天地萬物應和諧相處，主要在強調人應順應自然而不可違背自然。如老子說：「人法地，地法天，天法道，道法自然。」自然即是人與天地萬物相處最基本的法則。由於自然是無為的，因此人生的態度就應該是「柔弱」、「不爭」、「居下」、「主靜」、「寡欲」……才能達成與天地萬物和諧相處的理想。不僅如此，老子更「唯施是畏」，反對「有為」，認為「有為」是「代大匠斲」，「希有不傷其手者」。莊子亦是如此，主張順應而不違反自然，如說：「牛馬四足是為天，落馬首穿牛鼻是謂人，無以人滅

天。」足以說明其態度與理想。

　　影響中國人的人生態度與理想最大的，是儒道兩家，而儒道兩家關於人與宇宙的關係，均定位於人與天地萬物為一體，彼此是共生的、互通的，也可說是「休戚相關，榮辱與共」的，須和諧相處，才能共存共榮。否則，若是為了成全某方面的生存與發展而犧牲另一方面，如西方式的「征服自然」的作為，必然招致自然的反撲，最後終必是兩敗俱傷，人類將自食惡果。

　　不過，儘管儒道兩家都主張人與自然應和諧相處，否則必招致自然的反撲，但其間的分寸卻不易拿捏。因為人類生存與發展之所需，均來自天然的資源供其利用與加工，如農業與工業等，這可說是無奈與不得已，此即荀子所謂：「人生而有欲，欲而不得，則不能不求。」及老子所言：「吾之大患，在吾有身。」既然人類生存與發展之所需均取諸自然，就必須考慮到自然是否能夠承受，超額榨取，予取予求，乃是「殺雞取卵」、「竭澤而漁」，即荀子所謂的「求而無度量分界」，其後果如何，不問可知。那麼，所謂的「度量分界」何在？答案是「生態平衡」。宇宙間的萬事萬物，均有其平衡狀態，失去平衡，災難立即發生。以大氣為例，動物呼吸時吐出二氧化碳，而植物的光合作用則加以還原，如大量砍伐森林，則大氣中二氧化碳增多，再加上工業與交通所製造的各種廢氣，因而形成「溫室效應」。小而言之，導致

氣象反常，大而言之，可使冰河期提早到來，無一不影響並威脅人類的生存與發展。又如為了增產糧食以養活日益增多的人口，大量使用化肥，以致土地喪失再生的能力，以後不用化學肥料，便不再有生產力。以此，人類為了生存發展，不得已必須開發或利用天然資源，就應該拿捏準確的度量分界，這種準確的度量分界，我們可以稱之為人類與自然間的倫理法則。關於這個人與自然的倫理法則，中國文化在數千年前就已經注意到，並在教育設施中予以落實。舉例而言，夏朝的教育內容是六府，教育目標是三事，三事的內容是：「正德、利用、厚生」。用今天的話說，「利用」與「厚生」就是開發經濟，以提高人民的生活水準。沒有人能說「利用」、「厚生」不重要，以之為教育目標更是誰曰不宜。但較「利用」、「厚生」更重要的是「正德」，所指的便是人與自然間的倫理法則。俗話說：「君子愛財，取之有道。」人類為了維持生存與發展，不得不從自然擷取資源，但也須取之有道，也就是應合乎人與自然相處的倫理法則。西方式的征服自然，為了發展經濟，以提高生活水準，不惜竭澤而漁、殺雞取卵，顯然是違背人與自然間的倫理法則。以之與中國文化相較，其優劣可以立判。中國文化在這方面自古即有優良的傳統，如《尚書》中建議捕捉鳥獸，應當「網開一面」，而春秋狩獵，不可射殺有孕的母獸。又如孔子「釣而不網，弋不射宿」，以及孟子所言：「……數罟不入洿池，

魚鱉不可勝食也，斧斤以時入山林，材木不可勝用也。」均是其例。中國文化既在這方面有其長處，就應該加以保持，並發揚光大，與人為善，告知地球村其他的居民共同遵守，而不該「捨長取短」，效法西方一味的去征服自然，不知節制的發展經濟，無窮無盡的榨取天然資源，不僅己身蒙受災難，而且將禍延子孫，真可說是愚不可及。

(二)人與群體的關係

自進化論問世，主張「物競天擇，適者生存」，社會的達爾文主義又從而推波助瀾，以致人世間充滿了競爭現象，無時無地、無人無事不在競爭，結果是「弱肉強食」、「強權即是公理」，而其登峰造極的表現，便是橫行數百年的帝國主義，至今不但未見稍事收斂，而且有變本加厲之勢。前已言之，不再多贅。更為可怕的是，由於高度以至惡性競爭所造成的人間社會的不公、不義，以及痛苦、罪惡，如今已習以為常，積非成是。反映在教育上，所有設施無一不以競爭為出發點，並以能勝過別人為唯一目標，扭曲教育的真諦，莫此為甚。此種錯誤的認知及其所引起的不良後果，有識之士久思有以糾正並加補救；其中孫中山所言：「物種進化以競爭為原則，人類進化以互助為原則。」又說：「人生以服務為目的，不以奪取為目的。」可說是最能對症下藥，為救

世的良方。不過，「七年之病，求三年之艾」，醫治痼疾沉疴，絕非一朝一夕之功可以奏效，而此則必須從心理建設或心靈改造著手，即以正確的教育思想，導正下一代的觀念，不再執著於「成王敗寇」、「你死我活」的競爭，而代以互助合作、共存共榮的作為，則世界必更為祥和，人生亦必更為幸福。

　　中國傳統文化，特別是先秦諸子的思想學說中，關於如何消滅人與人、國與國之間的競爭、衝突，以及戰爭，俾能和諧共處，互諒互助，共謀幸福，頗多可供參考與採擇之處。茲分別撮述其要：

‧道家的不爭態度

　　道家主張清靜無為，對人生亦秉持柔弱不爭的態度。《老子》書中一再讚揚水的柔弱與不爭，認為人當取法於水，因為這是合於自然的法則。老子說：「天之道，其猶張弓歟！高者抑之，下者舉之，有餘者損之，不足者補之。」又說：「弱者道之用。」天道忌滿而惡盈，而水最為符合此一自然法則，所以老子對於水推崇備至，如說：「天下莫弱於水，而攻堅者莫之能勝，以其無以易之。」又說：「上善若水，水利萬物而不爭，處眾人之所惡，故幾於道。」以及：「江海所以能為百谷王者，以其善下之，故能為百谷王。」但是老子另又說：「柔弱勝剛強。」「故不爭，則莫能與之爭。」

「不敢為天下先，故能成器長。」似乎老子是以柔弱、不爭為手段，而要達到「勝剛強」，「莫能與之爭」，以及「成器長」的目的，無怪乎程伊川批評老子說：「老氏又挾些權詐。」其學說並非全然可取。

·墨子的兼愛理想

　　與道家的不爭學說相比較，墨子的兼愛理想，似乎是崇高得多。墨子倡導兼愛的理想，主張「愛人之父若其父，愛人之身若其身」，而要達到此一目的，墨子又提出「兼相愛，交相利」的策略。墨子以利為義，認為愛人必須利人；否則，即是不義。墨子所謂的不義，小自「入人園圃，竊其桃李」，「入人欄廄，取人牛馬」，大至「不義攻人之國」，均屬不義。為什麼？墨子認為由於這些行為，都是「虧人自利」，而其「虧人」越多，則「不義」益大，其「罪」亦益甚。因此，墨子又進而倡導非攻的理論，認為攻人之國，是最大的不義，必須加以譴責、制止。而且從利的觀點來看，攻人之國，即使得勝，也是不利的。因為攻守兩方，均因戰爭的緣故，而「農夫不得耕，婦人不得織」，且「殺人一萬，自損三千」，可說是兩敗俱傷，故墨子的結論說：「計其所自勝，無所用也，計其所得，反不如其所喪。」不僅如此，墨子主張非攻，不但坐而言，更能起而行，如墨子聞公輸般為楚造雲梯攻宋，自魯行十日十夜至楚，予以阻止，化解了一場戰

爭，實屬難能可貴。不過，墨子兼愛思想及以利為義的觀點，不為儒家所認同；限於篇幅，不詳論。其實兼愛理想之難於實現，並不如同儒家之評詆，而在於墨子未能把握人性的弱點。人由於生存之所需，都是為己的，一切考慮與作為，都是以一己的利害為出發點，利己同時利人當然最好，利己而不損人，亦不能謂之為惡，除非損人利己才是不道德。墨子要求每個人都能做好「愛人之身若其身」，除了少數人外，對於一般人來說，多少有些強人所難。所以當時便有人批評說：「墨子能堪，奈天下何！」

• 儒家的恕道原則

儒家在因應人際關係方面，本其一貫的中庸之道，而以恕道為基本原則，人與人相處，宜將心比心，推己及人，而不應該爾虞我詐，損人利己。以此，儒家在實踐恕道上，一方面「己所不欲，勿施於人」，一方面又「己欲立而立人，己欲達而達人」，消極與積極兩方面都能兼顧。所以有人問孔子，「有一言能終身行之者乎？」孔子回答說：「其唯恕乎！」因為一個人如能本著恕道的原則，推己及人，「老吾老以及人之老，幼吾幼以及人之幼」，雖然表面上說起來，不及兼愛的響亮動人，但認真實行起來，卻推動較易，這是由於人在一己生存需求滿足之後，行有餘力，再去幫助別人，是較不勉強的，便會樂於助人了。如此看來，儒家的恕道原

則，實行起來，其可行性較墨家的兼愛為高，而就動機言，又較道家的以柔弱不爭為手段為純正。如能經由教育思想的傳播，讓全地球村的居民普遍接受並廣為推行，則因激烈競爭而引起的嫉妒之心與暴戾之氣，必可大為減少與降低，而人與人和諧相處，互助合作，則各種無謂的爭端與大小的戰爭也不會發生了。

(三)人對自我的要求

人與群體的關係，屬公德的範疇，人對自我的要求，則係私德的領域。但公德以私德為基礎，二者實互為表裡，故大學之道，列舉三綱領與八條目，而歸結於「壹是以修身為本」。就個人的修為而論，中國傳統文化中，自以儒家所論體系最為完備，節目最為繁多，唯本文不以儒家的道德修養理論為唯一的研究對象，故仍比照前面行文體例，簡述各家各派關於自我修為的幾項重點要求，而尤著眼於能針對西方文明補偏救弊者而言。

在人對自我的要求方面，反映在人生理想或教育目標上，道家嚮往大智若愚的隱者與逍遙自適的至人境界，故無論老子的無為、棄智、絕學、守愚、抱樸，或莊子的超越死生存亡，齊一是非對待，以及心齋、坐忘、牟牛、物化等等，多少都帶有消極、退隱、自全的獨善其身的傾向與色彩，與儒

家的兼善天下，知其不可為而為之的襟懷，大異其趣。儒家
人生修為的目的，除了對自我的要求外，更有擴大範圍、發
揮影響力的旺盛企圖。所以儒家自孔子以仁道為核心，修養
自己，要養成仁、智、勇兼備的君子，以至「博施濟眾」、
「老安少懷」的聖人，暨其後的孟子主張「集義養氣」，培
育「富貴不能淫、威武不能屈、貧賤不能移」的大丈夫，與
荀子的崇尚禮治，以為禮為「人道之極」，且「凡治氣養心
之術，莫徑由禮」，因此「學」始乎為士，而終乎讀「禮」，
凡此莫不著眼於「淑世行道」、「修己安人」的目標與理想。
除此而外，儒家闡論修齊治平道理巨細靡遺的，莫過於宋代
以後的理學家，而其中最為後人推崇也是引用最多的，便是
張載所說的「為天地立心，為生民立命，為往聖繼絕學，為
萬世開太平」這幾句話；豪氣干雲、一往無前，可見其自任
之重。

　　與儒家相較，墨家在自我修為方面，其要求標準之高，
有過之無不及。墨子為了濟世救人，「胼手胝足、面目黧
黑」，「以自苦為極」，達到「墨子能堪，奈天下何」的地
步。就連批評他最不留餘地的孟子，也不能不推崇他「摩頂
放踵，利天下為之」，真可說是難能可貴。

　　除此之外，儒、道、墨三家關於如何處理欲望的問題，
有不盡相同的觀點，宜在此略微說明。道家主張無欲，認為
「禍莫大於不知足，咎莫大於欲得」，一切感官的欲望，如

五色、五音、五味、畋獵、難得之貨，均傷生害性，不可貪戀，故「是以聖人之治……常使民無知無欲」，並說：「無欲以靜，天下將自定。」惟老子所說的「無欲」，乃是基於「為道日損」，而「損之又損，以至於無」，並非「絕欲」。墨家貴「儉」，而墨子更以苦行救世，對於儒家重視禮樂，厚葬久喪，極力反對，因此「背周道而用夏政」，主張「節用」、「節葬」、「非樂」、「非攻」，不贊成一切奢侈浪費的行為，將個人的生活享受降低到最低水準。儒家的態度較有彈性，兼顧理想與現實，如荀子說：「人生而有欲，欲而不得，則不能無求。」但是「求」必須要有「度量分界」，所謂「度量分界」，乃是「欲必不窮於物，物必不屈於欲」，亦即知所節制，使人「役物而不役於物」。這種有節制的滿足欲望，既非縱欲，亦非絕欲，而是「節欲」，或者「寡欲」。

　　反觀西方的資本主義社會，在唯物思想與重商主義兩股狂潮的席捲下，縱欲之風感染全球。因為唯物思想認為人生的幸福，在於物質欲望的滿足，以此導致物欲橫流，罪惡叢生；而重商主義以牟利為目的，在利欲薰心的情況下，奸商為了謀取不當利益，不惜作奸犯科，甚至傷天害理，為了達到賺錢的目的，則不擇手段。此種情況如任其氾濫而不設法遏止，不僅人生的幸福難以獲得，而且人類的前途更將陷入痛苦的深淵，無以自拔。準此以論，「絕欲」既不可能，「縱

欲」亦不可取，人類想要長期生存與發展，「節欲」與「寡欲」可能是唯一可行的途徑。

三、人類的永續生存

人生的目的為何？存在的意義何在？這是自有生民以來，所有哲學家與宗教家都想要解答而又未能全部解答的問題。雖然，「所從言之異路，有省有不省」，遂致「不該不遍，往而不返」，而終於「道術將為天下裂」。不過，「一致百慮，同歸殊途」，所有哲學家與宗教家的終極關懷，均在找出並指引一條通往人生幸福的正確道路。然而，各家各派的哲學家與宗教家所提出的所謂人生幸福之路，有的寄託於身後，渺不可稽，如基督教的天堂，佛教的西方極樂世界，有的流於烏托邦，可行性低，如老子的小國寡民，Plato 的理想國。其陳義平易近人，而又切合實際，則莫過於儒家的大同世界。據〈禮運大同〉篇所載：

> 大道之行也，天下為公。選賢與能，講信修睦。故人不獨親其親，不獨子其子；使老有所終，壯有所用，幼有所長，鰥寡孤獨廢疾者，皆有所養。男有分，女有歸；貨惡其棄於地也，不必藏於己；力惡

其不出於身也，不必為己。是故謀閉而不興，盜竊
亂賊而不作，故外戶而不閉，是謂大同。

　　大同世界的理想雖然崇高，但都不離百姓日用平常之道，
立論平實，每個人只要身體力行，就可以逐步建立一個理想
社會，而有利於人類的永續生存與發展。不幸的是，數百年
來在西方三大思潮的衝激之下，全世界的人都如中狂走，為
了追求物質欲望的滿足，不計後果的發展經濟，要以科技的
力量征服自然，以致生態破壞、環境污染、資源枯竭、物種
滅絕，終於遭受到自然的反撲。聯合國一九七二年環境會議
報告書《只有一個地球》，曾警告一百年後，地球將不適合
人類生存。但人類天性中自私、短視、苟安的弱點，並未因
此而知所警惕，改弦更張，反而國與國之間、人與人之間，
以及種族與種族、宗教與宗教之間，競爭更為激烈，規模更
為擴大，戰爭更為殘酷。同時由於科技日益發達，貧富差距
日益擴大，遂使強者越強，而弱者越弱，不平等的競爭終於
導致無產階級專政的清算鬥爭，以及恐怖活動的自殺攻擊。
若人類再不覺悟，必將招致自我毀滅。因此，地球村的所有
居民都必須深切反省、自覺，從今以後，痛改前非，不再計
較眼前的利害與一己的得失，對於一切利害得失的衡量，都
應開放心胸、擴大視野，從長遠的與整體的角度去評估。因
為兩者間的利害得失，是一致的、和諧的、而非矛盾的、對

立的，只有不損害整體與長遠的利益，一己的與眼前的利益才有保障，否則兩敗俱傷，到頭來一場空。以此，唯有達成「大同世界」的理想，個人的幸福才有保障，而有利於人類永續的生存與發展。至於具體途徑與方法，謹提出以下四點，以供參擇：

(一)常存敬畏感恩之心

人生天地之間，只是一個偶然與無奈，相對於宇宙的廣大與無窮，可說是極其藐小而短暫，故而人面對生存的自然環境，油然而生敬畏與感恩之心。中國人的敬天，以及其他民族的信奉上帝與真主，都是這種情愫的表現。只要存有這種敬畏與感恩之心，不管用何種方式表達，就不會狂妄自大，與自然為敵，而要征服自然。

(二)永懷仁民愛物之情

佛家認為天地乃有情世界，人類生於有情世界中，自應永懷仁民愛物之情。儒家主張人皆有惻隱之心，有惻隱之心則發而為不忍之情，故推己及人，便能「人飢己飢、人溺己溺」，「己立立人，己達達人」，進而「親親而仁民、仁民而愛物」，體現「民胞物與」的精神。

㈢多盡生態環保之力

這是關係人類生存與發展的大事，也是每個人在日常生活中必須立即身體力行的當務之急。今天不做，明天便會後悔。雖然人的生存，直接與間接均有賴於天然的資源，這是不得已，但是必須以不破壞生態、不污染環境為前提。地球村的每個居民都必須為生態環境盡一份心力。尤其是高度開發的國家，如美國，既消費了最多的資源，又製造了最多的污染，就更不能推卸此一責任。

㈣泯除爭強好勝之念

人是由動物進化而來，但既已進化為人類，就不應該仍遵循「叢林法則」，弱肉強食，自相殘殺，而應建立有利於全球人類永續生存與發展的行為規範，互助合作，共存共榮。人既自許為萬物之靈，就必須有不同於其他動物之處，即所謂的「人之異於禽獸者幾希」，「幾希」之處乃在於人類有道德，而動物則唯力是尚。數世紀以來，帝國主義橫行，以強權為公理，而學校教育亦隨聲附和，一切教育設施均在鼓勵競爭，而目的則在勝過與壓倒對方，教育不但未能造福人類，反而可能毀滅人類。解救之道，唯有發展人類的道德，

孫中山認為「有道德始有國家，有道德始成世界」，實有至理存乎其間。人類如不能泯除爭強好勝之念，一味盲目競爭下去，並且為達目的而不擇手段，終必自食惡果。

　以上所言，卑之無甚高論，「知我者，謂我心憂，不知我者，謂我何求！」但坐言起行，卻有賴教育工作者，以先知先覺自任，喚醒地球村的全體居民，身體力行，則世界大同的理想必可逐步實現，而人類的永續生存與發展亦必可預期。

3

教育的淑世與特化

✍歐陽教

　國立臺灣師範大學教育學系名譽教授

　中國文化大學教育學院院長

　　謝謝簡校長的介紹，我想向各位一鞠躬後就要坐下來。
首先，向各位恭賀新年，因為去年年底南亞的地震與海嘯，
真的是很淒慘，祝禱各位年年都很平安，這是很難得的。其
次，要謝謝單文經教授，人家派個勞動服務給他，他寫了一
兩萬字，要他介紹歐陽老師，他說不是勞動服務，還寫得不
亦樂乎，這樣我心裡的負擔就比較少一點。大概比較傑出的
學生來寫老師，都會加鹽加醋，各位做參考就好，尤其溢美
之詞都可跳過，不用看。

　　首先，今天晚上的題目，原來是「教育的淑世與悲情」，
各位可以先將「悲情」改為「特化」（specialization），即
「教育的淑世與特化」，特化的結果才產生悲情。「淑世」
與「特化」二字，在修辭上才對得起來、對得好。今天下午
在中國教育學會理監事會開會的時候，簡校長問我今天晚上
要講多久時間，我想大概一個鐘頭左右，因為各位提出來的
問題，我不一定能解決，大家來解決。

　　今天主要介紹一個觀點，就是「特化」這個觀念，自然
界的特化、文化的特化，如果大家看過《百年大學演講精
華》，李亦園教授在書裡面有一篇早年在台大的演講，這裡
面提到特化。也許在座有些師長或同學都已看過或聽過此書，
或在人類學中聽過「特化」這兩個字，我先給各位來講一講
這兩個字。

　　自然界裡面有些動物的演化，我們常講「適者生存」，

但最適者是否就最能生存？過分的適應（the fittest）不一定能生存得很好，適應得太好，沒有隨時調整、演化、改變，不一定能適應下去。李亦園先生就曾舉個例子，北美洲早年有一種大角鹿，大角鹿爭地盤的時候，公鹿以角作為武器，這個角越長越大，和其他角小的公鹿鬥，起初還不錯，鬥得很好，地盤擴張得很大，牠以為這樣就不錯了。但是慢慢地牠發現，角太大不一定有用，逃難時逃不走，變成累贅，大野狼圍攻過來，就跑不了，所以最適應的（the fittest）變成了自我毀滅（self-destruction），呆滯、停滯在那裡，腐化掉了。

李亦園的觀念拿來放在文化裡，即人類用地球的資源，好像窮凶極惡，一直無限地擴張、無限地用，是不是有一天會用光這些資源呢？大家也曉得，現在世界各國年年都在相較國民所得有多高，那就是競爭（competition），競爭一字，教育上也在用，也許等下有機會再說。李亦園舉個例子，比如說汽油，假定說從今年下半年開始，全世界都沒有汽油，那我們有沒有什麼代替品？那我們能怎樣活下去？這又何只是汽油。

我晚上講的題目，有點延續我早年所講的〈文化變遷與教育思潮演進〉的一貫性，的確，文化的演化與大自然很有關係，我不希望各位將自然和文化二分，但是今天晚上，大家會看到我的大綱及以前寫的文章，為了方便起見，還是分開來談。等一下進入主題之前，我想有幾張照片讓大家看看。

　　大家一面聽這生硬的理論，一面請看這兩方面的照片，一方面是自然界給我們的暴力，另一方面是教育給我們的暴力，那麼我們該怎麼辦呢？有人說如果左拳代表暴力，右拳代表愛，前者給人痛苦，後者給人快樂，那麼教育就像以右掌包含左拳的手勢，是要用愛來包容暴力，如果教育是提倡用暴力來對抗暴力，那真的是沒完沒了，現在我們大概還停留在暴力對抗暴力的時代。是不是呢？

　　美國九一一災變時，我就想到《新約聖經・馬太福音》五章三十八節提到：「以牙還牙，以眼還眼。」但耶穌的意思是人家若要你的內衣，你就要連外套一併給他，甚至還說：「愛你的鄰人，愛你的仇敵。」那我就看看當時美國如何「愛你的仇敵」，結果還不是用拳頭。Bush 應該保證其安全來安全去，請 Bin Laden 一起談世界大事，或者阿拉伯世界跟猶太人之間的關係，如有近程、中程、遠程的計畫，請你告訴我，我們一起來幫助你。現在戰爭不曉得要拖多久，當越戰時，也有人說不要打，但美國仍是要打，而且軍隊一直增加，增加到五十幾萬人。以牙還牙的戰爭，只有兩敗俱傷。孟子講到：「春秋無義戰。」春秋時代的戰爭頻繁，但沒有一場戰爭看起來是有正當理由的。舊約時代雖有提到以牙還牙、以眼還眼、以奴隸還奴隸……新約時代才提到寬恕，但是現在很多基督教的國家還是沒辦法做到，世界還是以暴力對抗暴力，為什麼呢？那就是因為教育還是這樣教。

好，以下我們就按照大綱來談。

一、教育的本義與歧義

剛才我講教育的淑世與特化，悲情是特化的結果。談到教育的本義與歧義，大概教育再怎麼講，都是為了年年有寸進（betterment），如果說教育就像放火箭一樣進步得那麼快，或說像一般的工程一樣，三兩年可以翻兩番，大概沒有那樣的教育，教育是年年有一點進步。可是現在的社會大概不允許我們這種漸進式的教育，都叫我們快一點，你看我們教育部長為什麼幾乎十年換十個，要求快點弄個什麼出來，若不弄出來就要下台，每次到立法院都會被罵得要死。教育的本義就是要好，不好的讓它變成好，好的要更好，這就是教育。教育也是會出差錯，教育的歧義就是特化。

剛才我們說，「特化」乃是從生物的演化借過來的，生物的特化借用來說明文化的特化，比如說假定從明天開始，停電一個月，你說師大要怎麼做，在家裡沒有電，馬桶要如何抽水？沒有電，沒有瓦斯要怎麼活？這個就叫作特化，文化的特化。李亦園說，沒有石油，沒有石油用兩條腿走路，我一輩子都用走的，所以我現在還會走，如果我一輩子當官，坐車的話，大概現在就不能走了。因為文化的特化，引起教

育上的特化，教育很多人辦得有差錯，這就是分歧的，也許是我以前所提的「反教育」，客氣一點就是教育辦得有點差錯，或是走一些彎路，而產生了一些悲情。

　　「教育的本義」在形式上或理想上，就是淑世，若走了彎路，就會產生一些悲情。實際上就是兩種都有，就是淑世與特化都有，淑世會產生很多快樂，特化會產生痛苦，我們現在看社會上，每個國家大概都是兩種都有吧！

二、人性、自然與文化的不完美

　　大家一定會想到，那我們既然有這麼好的理想，為什麼要走彎路，或是反其道而行？自然界的特化或是自然界的天災地變是我們沒有辦法完全來防備的。為什麼我們的文化、教育會走上特化呢？

　　讓我們從人性開始來談。大家常常會想到人性本善、人性本惡或人性有善有惡、人性無善無惡，或人性分上、中、下三品，這些都是形而上的設定，要如何設定皆可，但這個設定的確會影響到你的人生哲學、政治哲學、教育哲學。比如說 J. J. Rousseau（1712-1778）認為人是善的，他就主張人要回返到自然，不過他所謂的「回返自然」也不是一輩子的，愛彌兒零至十二歲回返到大自然，十二歲以後還是回到社會

裡，所以像各位在小學學的各種科目，他也照樣要學。所以
有人講，盧梭是一半的自然主義，他認為回返到社會、合群
也是一種自然，所以他要寫《民約論》（*Du contrat social*），
人的合群以增進社會的公益、人民的公益，也是一種自然。

　　像古代韓非子，我念大一時，每天起來都要到運動場背
《韓非子》，韓非子的文筆相當壯美，不像莊子的文筆是很
優美的。韓非子認為人人有自為之心，自私自利的心，所以
要嚴刑峻法，要罰得嚴，還要信賞必罰，賞要信，罰要必，
規定要罰的就是要罰得那麼重，規定要賞的就是要賞得那麼
多。根據他和他的老師荀子，所謂形而上的設定，人就是會
自私，就必須要這樣來制裁，要有賞罰。人性的確不是那麼
單純的善或是惡，若要做形而上的設定的話，兩種都有。

　　像古希臘 Aristotle、Plato 就說，人有理性也有情欲，即
非理性的這一塊，動植物本能的這一塊。我的意思是說，
Aristotle 認為：「人是理性的動物。」但真的那麼理性嗎？
從 Aristotle 時代到現在，戰爭那麼多，戰爭就好像是演連續
劇一樣，和平的時間就好像是廣告時間，和平的時間只有那
麼一點點。人是理性的動物嗎？我相信狗也不敢說自己是理
性的狗，但是牠們也從來沒有繼續打仗打得這麼厲害，對不
對？

　　大家如果念過 B. F. Skinner 在一九七一年寫的《超越自由
與尊嚴》（*Beyond Freedom and Dignity*）（我們這裡把它翻為

《行為主義的烏托邦》），書裡的最後一章就談到 What is man——「什麼是人」，他說 W. Shakespeare（1564-1616）在《王子復仇記》（*Hamlet*）裡提到「人多麼像神」，他卻比較同意蘇聯的心理學家 I. P. Pavlov（1849-1936）所說「人多麼像狗」，就是把 God 倒過來念就對了。我的老師 R. S. Peters 講過，有一次，Pavlov 的朋友到倫敦來開心理學大會，說 Pavlov 晚年最遺憾的，就是他那一套主張是要用來處理動物的，沒有想到人家拿來處理人。共產黨不就是用來控制思想、控制肚皮嗎？Pavlov 就覺得很遺憾，Pavlov 也不像 Skinner 想的那種 Pavlov。

現在我說人多麼像 cog（輪齒），齒輪上面的一根根牙齒叫作 cog，在生產線上，人都變成沒有生命的 it（它），就在那邊跟著機器走，似乎被當作一個數目字，你去銀行領錢都是一些數目字，你身上掏出來的各種卡都是數位化。人性是那麼複雜，人性即 human nature，nature 後面要加 s，是各種各樣包括理性、非理性、欲望都有的，錯綜複雜。光說理性，人也不這麼理性，常會運用理性來做壞事，多少白領階級在做壞事。他們運用邏輯、很會推理，但也會做壞事。合情合理的事我們多做，不合情合理的我們盡量少做，教育應該跟著這麼走，比較好。

再談自然的缺陷，自然中有很多是我們無能為力的，像這次的 tsunami（海嘯）實在是太大太大了，如果有一天台灣

也有這麼大的 tsunamis，我們真的會很淒慘。Tsunami 是從日文來的，就是「津波」，本來英文是 tidal wave，指大浪潮，但大浪潮像淡水、高雄等海邊都有潮汐作用，五六百公里的速度和五六層樓高的海嘯，和在淡水看的潮汐終究不太一樣，所以日本人就稱為 tsunami，後來 tsunami 就變成慣用詞。

當然自然有好的一面，比如說山明水秀、鳥語花香、五穀豐登、六畜興旺，這些都是自然給我們的很多好的，但是也有很多天災地變，像九二一的大地震，都是沒完沒了。

不過，大家也不要光想回返大自然，回返大自然就一定好嗎？你想想在大沙漠裡，餓莩盈野，或是像在南北極，凍死骨一大堆，這麼冰凍的地方，要在這樣的逆境中生活，我想是很困難的，所以有些人說要回返大自然，但要回返到什麼樣的自然？是順境的自然（soft nature）或是逆境的自然（hard nature）？當然儘量是順境，但是有些人也說要到逆境去磨練磨練，這當然也可以，但是也有的逆境很厲害，比如說在大沙漠裡口渴要去哪裡找水喝，對不對？

再來我們講到文化的缺陷，這各位就很清楚了，我早年寫的那篇文章中界定，文化就是人對自然的加工，不管加好、加壞，都是加工，你覺得「三寸金蓮四寸腰」是好或是壞？我認識一位醫師，非常有名，他是全世界蒐集研究三寸金蓮繡花鞋最有名的人之一，他說寫了兩百萬字但不敢發表，因為他認為一切都是好的，他看裹小腳完全是好的，不管從哪

一點看都好，我說有那麼美嗎？「三寸金蓮四寸腰」也是特化，腰那麼細能生育嗎？

　　我認為「人為」對自然的加工，人的身體也是自然的，我們有兩個天性，第一天性就稱為自然，第二天性就稱為文化，我們不可能不在文化裡，我的眼鏡、衣服……你們所看到的一切都是文化，我們不可能遠離這個文化，文化是我們的第二天性。李亦園給我們這樣一個觀念，我覺得很不錯，他說文化和自然是分不開的，和這個「我」也割不開。你不能把它們分開來，文化是什麼東西？文化就是我們的「體外器官」。就像你肚皮裡的五臟六腑一樣，你沒有辦法割捨，你就在這文化氛圍裡面過活。

　　文化既然是人創造出來的，人對自然的加工或再加工有好有壞，因為他們在加工的時候，不一定覺得那個是不好的，比如說大陸的三峽大水壩，如果一直都平安無事，就不要緊，如果有一天，有什麼天災地變大事情，大水沖下來，死的人恐怕不是這次 tsuhamis 的二十萬、多少萬人而已。水壩，當初蓋的時候沒有想到會怎麼樣，但是從以前到現在，美國也有水壩崩潰，以前我住新店那邊，看過去就是那條河，到我們前面就彎了，剛剛去住的時候，每天這麼看，我說有一天如果翡翠水庫發生什麼事，大水沖過來，正好我們是「門當戶對」。所以，將來你們要買房子，最好不要買得太靠海岸，這個是常識。一個地理學家告訴我，最好離海岸線有一公里

多一點，海風吹過來，鹽分會掉下來。假定我們師大蓋在海邊，恐怕校長每一年要多花很多錢在維護生鏽的物品上，人也會生鏽，對不對？你看中山大學的牆壁，都是一層鹽分。在座還沒有買房子的就可以考慮了。你買在山腳下，是很漂亮，但是大自然什麼時候要怎麼樣，它也不會告訴你，所以要保守一點、含蓄一點。

三、文化的特化

其實這樣分野不一定對，把文化分作思想、制度、器物都有正負方面的發展。器物有什麼負面的發展？比如說核子武器不是嗎？核子武器現在比較冷退了一點，蘇聯和美國在對抗的時候，有一種理論叫核子主義（nuclearism），就是核武主義。核武主義的理論是說，各國有核子武器時，世界會比較平安，我說我才不要，我希望現在全世界都沒有任何用鐵做的武器，打架或戰爭都拿石頭、拿棍子，看你怎麼丟、怎麼打都可以！對不對？比如說現在台灣如果有核子武器，中共要來打，那會兩敗俱傷，一切從零開始。

好，我們現在一個個看下來。

(1)思想的特化：大家常常想到ism，什麼主義、什麼派。J. Dewey（1859-1952）在一九三八年（比較晚年，一九三九

年時，他八十大壽），寫了《經驗與教育》，小小的一本，早年我在師大念書的時候，胡適把他老師的書送給我們，就是精裝本的《經驗與教育》，為什麼不送其他書？因為那一本是 Dewey 晚年檢討他的教育理論，答辯過去多少年來人家對他的評論，開頭就講，他不要「非此即彼，非彼即此」的哲學，他認為這種哲學會走上絕對論，絕對論就是特化，他說教育不要任何主義，他也不要進步主義，因為從一九一九年以後，大家都說 Dewey 也是進步主義，他認為他什麼主義都不要，教育不必掛一個什麼主義。

　　高行健來台灣的時候，記者問他：「你得到諾貝爾獎，太偉大了，不得了，你的創作根據什麼主義？」我看他的《靈山》，晚上翻翻，到天亮把它翻完，看一看，真的也沒有什麼主義，有時候寫小說、有時候寫散文、有時候捏造的、有時候真實的，他這種寫法到底是什麼？他說：「誰說不能這麼寫？我就這麼寫啊！」記者一直問他，問了好多次，「你到底是什麼主義？」他說：「文學還要什麼主義？」各位，你覺得沒有主義是不是也是一種主義？對不對？就這樣比較 open，開放的心靈（open-mind），教育就是要這樣。

　　開放的心靈才能辦開放的教育，才能創造開放的社會。開放的社會裡才容許開放的心靈存在，才容許開放的教育繼續辦下去。封閉的心靈會造成封閉的社會，封閉的社會辦封閉的教育，或者封閉的教育形成封閉的社會，封閉的社會大

家都是封閉的，那你要哪一個？教育要哪一個？人世間辦的都是開放的教育嗎？恐怕都不是，十之八九我看都不是。這個主義、那個主義，不管是哪裡來的，從民族的族群來的，他們的愛國主義，甚至於民族自大狂（ethnomegalomania）都有，比如說 A. Hitler 不是嗎？他可以一下子殺五百多萬個猶太人，有部電影不是叫作「辛德勒的名單」嗎？看了真的會掉眼淚。比這次南亞的海嘯厲害，犧牲了五百萬人。為什麼五百萬人，Hitler 說要殺掉就殺掉？因為你們是猶太人，猶太人比較差，他們日耳曼人比較優秀，這樣有道理嗎？死了何只五六百萬人？英美西方和 Hitler 打起來，兩軍作戰，死傷又有多少人？光一個諾曼地登陸，你們看到影片也好，看到實際的新聞片也好，死傷多少人？有一個參加諾曼地登陸的牛津畢業生──W. Golding，後來寫了《蒼蠅王》（*The Lord of Flies*）（獲諾貝爾文學獎），很多人看過這部電影或是小說，看了你也會想，人性真的這麼恐怖嗎？他用小孩子來描寫人性，本來一群小孩子流落到荒島，原本是一群，後來變成兩群，一群比較野，一群比較溫和，野的那一群要把比較溫和的那一群趕盡殺絕，後來剩下最後一個，本來是他們的共同領袖，也要一直追殺，追到海邊，正好搜尋路過的海軍來搭救。

　　Golding 看到人間的殺戮當然很多，恐怕我比在座的朋友看的都要多。我小時候，美軍天天炸台南──我們的故鄉，

照三餐轟，早上八點多一次、下午兩三點一次、晚上又一次，炸得寸草不留，炸得發神經，親人哪！剛出生兩三天的寶寶以及我漂亮的姊姊跟著寶寶，就這樣沒有了。

所以戰爭是 unjust（不公平），殺人還有什麼 just（公正）？有人說 defensive war is just war，防衛性的戰爭是正義的戰爭，侵略的戰爭就是不正義的戰爭（unjust war），也許目前我們還可以這麼說，但是什麼叫作「防衛性戰爭」？有時候防衛性過多，就打到人家家裡面去了，不管孤兒寡婦照殺不誤。因為人性是這樣。

你們如果念過一九七四年的諾貝爾文學獎得主 Lorenz 的《所羅門王的指環》，或是《人性與攻擊》，都是描寫人的攻擊性滿強的，比獅子還猛。兩隻獅子在鬥，贏的只要咬一口輸的獅子的動脈，牠就完蛋了，但牠並沒有咬下去，輸的獅子就走，地盤歸贏的獅子管。現在你看到兩軍在對戰，或是兩個不良幫派在打架，打輸了在跑，後面有沒有人追？有嘛！這就是趕盡殺絕，這就是人性。本來攻擊性不一定是好或是壞，但用在這個地方就是不好。輸了就放他一馬，讓他走嘛！為什麼還要趕盡殺絕？

Golding 沒有看過 Lorenz 在一九七四年寫的書，因為 Golding《蒼蠅王》是在一九五〇年代寫的，所以還沒有看過 Lorenz 所說人性的攻擊性理論。Lorenz 說兩隻鴿子相互啄，啄輸的已經投降了，贏的還是一直啄，啄到把眼珠都啄出來。但

獅子不會，牠雖有爪牙之利，但不會攻擊到這種程度。鴿子沒有爪牙之利，幾千萬年的演化，上天說，鴿子啊！你愛怎麼啄都可以，你愛怎麼拍、怎麼踢都可以。

人也是這樣，人用牙齒咬也咬不死、腳踢也踢不死、手抓也抓不死，你愛怎麼打都可以。人的手解放出來，可以拿石頭打，打完了，慢慢地發明刀槍，還有長距離的武器，長距離的武器打下來，那就沒完沒了了。在雲層上面，炸彈炸下來，炸到台灣師大、古亭國小、台大醫院，他都沒有看到，雲層很厚，所以戰爭就是這樣無情。B52 戰機從關島，三更半夜、成群結隊，天天輪番轟炸北越，炸得寸草不留，炸得要發神經，炸到哪裡不知道。

後來五角大廈看到 Lorenz 寫的《論攻擊》（*On Aggression*），就立法說不能亂炸，不是炸彈載出去，丟完了再回來。我們小時候情況就是這樣，天天美軍來炸，炸台南飛機場，往北走就是台南市，再往北走十八公里就是我們的村落，飛機飛得很低，日本的空防在第一天來轟炸時就被掃掉了，因此沒有空防。飛機飛得很低，飛過來，那航線就是一直線，離台南市北郊十八公里飛機飛了三幾分鐘就到，低飛到兩三層樓高，看到人就用炸彈炸或是機關槍掃射，真的是很殘忍，他們也沒有管你們這裡有沒有阿兵哥，反正他們要回去了，炸彈統統都給你們，他們要回去了，這樣很輕鬆，不然怎麼飛回去，這麼笨重，對不對？有一次，連一個油桶都不要，都

丟給你，空襲警報解除後，我們去看，哇！這麼大一個油桶。戰爭是這樣的，Lorenz 那本書影響五角大廈說，從今天開始飛出去北越要炸定點，叫你炸哪裡就要炸哪裡，要照相回來，不能亂炸，可是這離戰爭已多少年後了？戰後有一天，我回倫敦去看到發表當時五角大廈有關南北越戰爭的策略，事後看到，真的是很殘忍。

　　思想的特化就是我們的思想上不要有ism，不要天上天下唯我獨尊、排斥、不能容忍。講到容忍，J. Locke（1632-1704）也強調宗教要容忍，用拉丁文匿名寫一本《論容忍》，當時他在荷蘭流浪，牛津母校很多人在念，大家認為這一定是Locke 的，果然之後證實是他的。他認為宗教要互相容忍，但是很奇怪，他不能容忍無神論。我說這是一個敗筆。他跟J. Newton（1642-1727）很好，一直討論天、討論地、討論數學，也討論宗教，書信來往，宗教討論很多，但是，他寫過〈基督宗教的合情合理〉和《論容忍》，表達他對不信宗教的不能容忍，你有沒有覺得好奇怪？現在六十幾億的人口，不信宗教的多不多？多啊！對不對？宗教、政治、經濟、軍事各方面的各種思想，或者教育方面都有各種各樣的 isms，大概到頭來都會鬥來鬥去。

　　你說為什麼不要 ism 呢？有各種主義不是很熱鬧嗎？百家齊鳴，非常好啊！但這必須要在一個大前提之下，大家可以互相容忍、互相討論，如果不能互相討論，那就只有鬥來

鬥去了。所以 Dewey 才會說我不要 ism，高行健才會說我不要 ism，那麼這樣心胸就更寬了。

(2)制度的特化：政治制度、宗教制度，各種各樣的制度裡面，比如說經濟制度，最傳統的資本主義。為什麼馬克思要鬥傳統的老資本主義？他在倫敦落難，大概沒有錢繳房租，人家把他的皮箱都丟出去了，他的女兒自殺，他看到英國人太可惡，就提倡無產階級要起來鬥爭、要革命。他認為有一天像英國、美國等老民主國家、資本主義國家會被工人消滅，結果，工人反而變成最貧困的，而有錢國家卻處理得很好，用各種各樣的社會政策來改進勞資糾紛問題，社會福利也做得很好。

(3)器物的特化：比如說大家開車一定要用汽油，用淡水河的河水就不能開，除非有一天有其他的能源替代。用很多器物，恐怕我們有時候要適可而止，但是我們都浪費慣了在食、衣、住、行方面，我問在座：「你有沒有一件衣服是穿到破的？」現在大概都很少吧！大家可以去胡適紀念館看看，胡適的襪子是破的，人家說：「胡先生您的襪子怎麼是破的？」他說：「那有什麼關係，我穿在鞋子裡面，誰在看我的襪子？」隨時旅行包裡都有針、線，隨時準備這裡鈕扣掉了，或那裡要補一補。我們現在的確是一件衣服穿個三兩次就丟了。二、三十年前，我去倫敦的時候，我們的宿舍，男男女女都有，英國的女生一件衣服沒穿幾次就丟了，我們這

裡去的女生就想，我這麼瘦，人家那麼高大，不然我就撿來穿。曾幾何時，我們目前也差不多這樣，浪費資源，浪費很多。每次我這麼講，我小孩子的舅舅在紡織界工作，他說：「姊夫，我送你一件衣服，你穿了一、二十年還在穿，那我們要吃什麼？」他說我們就是要促進消費，你年年買、年年換，哪有人家像你這樣。我說沒有辦法，我們這一代就是old is beautiful。不管從思想、制度、器物各方面來看，特化一定會產生悲情。

四、教育的淑世功能

　　(1)淑世的教育思想：如果按照我們剛才的理論，有沒有哪種理論可以促進完美的教育？大概沒有那種主義，也沒有那種理論。那怎麼辦？有時候我們說要看時機，就是時間點（timing），要怎麼樣比較好，要稍微妥協一下，我看Dewey就是這樣。胡適問他的老師說（那時候一九三九年，八十大壽，大家寫一本書來祝賀 Dewey，正好胡適是我們的駐美大使，人家就說你來寫你老師的政治理論，他就寫信問老師），我覺得你的思想有時候傾向個人自由，有時候傾向國家、社會這一端，就是群性這一邊，群體紀律這一邊，但是不會變得太偏，就是有一點中間偏自由或中間偏紀律，不同的時間

就調適，對不對？他說對，就是這樣。他說如果全世界人類都過度偏向自由，他就拚命地寫文章、演講，講要群性、紀律；如果過度偏向國家至上、民族至上，不重視個人自由，那他就提倡自由這邊。人家偏那一邊，他就稍微矯正偏另一邊。這就是「時中」，斟酌 timing 的緩急。

　　我過去大概也有一點這樣的味道，我從國外回來的時候寫學生自由，心裡要稍微拿捏分寸，不然要被人家敲頭殼，一九八七年解嚴的那一年，像這樣的一系列演講，我就講「學生的自由與自律」。我記得高強華教授起來問：「老師，當年你寫學生自由那篇文章，你有沒有接受調查？」我說：「還好，還好。」為什麼人家不講學生自由？尤其國父孫中山先生就講：「學生沒有自由、軍人沒有自由、公教人員沒有自由。」為什麼你一個歐陽教，一個草民，那麼大膽，三十出頭的毛頭講學生自由？等大家已經開放了，大家都出來走街頭了，你歐陽教又畏畏縮縮，說我們要自律，好奇怪！人家拚命地往前衝，你又拉人家後腿，你不自律的話就等於放任了嘛！對不對？這如韓非子所說：「世異則事異，事異則備變。」但是「變革」要斟酌輕重緩急，才不違背「時中」的原則。

　　解嚴後我們講大學自治、自主，我看都少談自律，他們都講大學教授的自主，不講自律，後來我給台大的朋友講，你們弄一個教師的自律出來帶動全國教授自律，他們弄了七、

八十條，大概十條或五、六條就可以了，不要那麼多，你要的話，刑法或什麼法，要多少條都有。教育不要偏向什麼主義、什麼理論。

(2)淑世的教育制度：制度也要有彈性，要多元的文化、多元的彈性，不過，這多元，要合理的多元（reasonable pluralism），不是隨隨便便的多元。比如說，早年的教科書，統編本時代大家就會講，要慢慢放鬆，也要合理啦！到現在這樣是不是比較好？可以再討論。

(3)淑世的教育器物：從學校裡面來看大概還好，比如說，如果停電、停水一個月或一個禮拜，我們這整幢大樓真的不知道怎麼辦，尤其在污穢的大都市，真的不知道怎麼辦，臨時要挖井，挖出來的水你敢喝嗎？

五、教育的特化悲情

教育思想的特化與悲情、教育制度的特化與悲情，以及教育器物的特化與悲情，我們前面已講那麼多，現在因時間關係，不想再舉例來講，應該怎麼樣才合乎民主、自由、博愛、平等、合理的多元，這麼來走，才不會越走越往死巷裡去。這就讓各位自己回去想一想。

六、教育即藝術

　　最後，教育即藝術。教育是一種藝術，這種話也不是我今天才講的。一七七六年 I. Kant（1724-1804）在大學講教育學時，就說："Education is an art." an art 就是說教育要有專業的研究，像各位這樣專業地研究教育，不要隨隨便便一個軍人，一個裁縫，誰都可以當老師，要設教育研究所來訓練教育專業人員，要設實驗學校，後來 Herbart 隔一任來接任這個哲學教授，他就辦教育研究所，也辦實驗學校。

　　教育即藝術的另一義是「美」，為什麼我們近年來教改改到現在，本來沒有那麼痛苦，現在痛苦比較多？就是不美嘛！如果一切都很美，大概也不會有那麼多痛苦。教育的目標、內容與方法，我們都要追求美。如果我們淑世、漸進地辦教育，教育就比較有美感，悲情、缺陷就會比較少，否則，特化與專斷的教育，必定會帶給人間世無盡的苦難。

　　如果用 Karl Popper 的講法（我也不是那麼樣的實證論者，但是我很喜歡他這樣的講法），就是說一直把任何理論、原理，科學的、哲學的、社會科學的，都當作是一種問題，從問題再提出暫時的解決理論，再把錯誤一一去除，去除到剩少一點，就進到問題二的境界。以簡校長辦聯招為例，我

們年年在辦大學聯招，年年都有問題，所以我們年年就重新檢討，一直在進步。

最後今天我所說的都是作為互相勉勵的話。總歸一句話："I teach, therefore I am." 既然我們都對教育有興趣，而且奉獻於教育，那我們就實實在在地存在，不為名也不為利，因為教育裡面沒有多少名，也沒有多少利。抱歉，教書的人都會講很多，超過我預估的時間。現在就請各位看看有什麼指教，可以提出來。

簡校長：謝謝歐陽教授，深入淺出的、精闢的演講，他剛剛就像哲學家說故事一樣，舉了很多人生的故事，但是帶給我們很多值得思考的問題，譬如說「我教，故我在」（I teach, therefore I am），這是很有道理的。現在是不是請大家提出一些問題來向歐陽教授請教。

七、提問與討論

問（單文經教授）：謝謝，黃校長、簡校長還有老師、各位先進，我接受老師的教誨幾十年了，老師一直強調的是「滴水穿石」、演進、演化，而不主張 revolution（革命），但是最近一、二十年來感覺到有幾個名詞，學校

當然受到美國影響，也在講究 restructuring（重構），我看最近很多年輕朋友們都是 Foucault、Derrida、Lyotard，什麼後現代啦，什麼 transformation（轉變），什麼轉型、轉化啦，還有 reinventing（再創造），好像都是要把以前的東西全部推翻掉，明明知道複寫紙上面的東西是沒有辦法完全把它塗抹掉的，但是還像要把它弄得白白、乾乾淨淨的才好，是不是請老師以您的淑世精神，分析一下我的疑惑？因為我也是接受老師的教導，我也是希望點滴，我到處都是講慢慢來，可是年輕人好像要快快地 transformation、restructuring，是不是能請老師幫我解個惑？

答：一邊是立；一邊是破。有兩類的哲學家，一邊是喜歡先破再來立，或者說就是破，根本也不立，立讓大家立，但我就是要破。有的哲學先立再破，或不破人家的，只立自己的。大概可以看到這兩種類型。我想後現代也是應該分類，有些比較溫和，有些比較激進，我也不知道你們比較欣賞哪個類型。比較激進的通常會流為虛無論或無政府狀態，一切都破壞掉了，又沒有建設什麼，比較會流為無政府主義。很多人會說一切都破壞掉，tsunamis 來了，重新再來慢慢地蓋，這個代價太大了。我不相信提倡很極端的後現代哲學家，他一切都是百分之百的破，太太不好明天換一個、房子不好明天換一間、衣服不好

明天換一件，食、衣、住、行、朋友，什麼都破，破到
底。事實上我們看他也是遵守人類的一些規範，日常講
話也還是遵守講話的文法，他不會另外創一套文法。像
L. Wittgenstein（1889-1951）所指的「私的語言」，完全
都是自己的語言，那是走不出路的。怎麼有可能一個人
講的話只有自己懂，其他人都不懂，還可以走出一條路
來。我覺得如果你在兩極端中間能找到一條路來走，有
時候稍微偏立一點，有時候稍微偏破，不要走到破壞得
很厲害再走回來。尤其我們辦教育的，你不可能這樣的，
你說破得最厲害的，有沒有比一九六〇年代全世界學生
運動破得那麼厲害，我看現在學生都比較溫馴，比較溫
和。我當時去倫敦，看到倫敦政經學院，學校蓋一個鐵
門，學生也有理由罷學，換一個校長，校長曾去南非服
務，南非有種族歧視，不可以，這樣也要鬧，什麼都可
以鬧。美國、日本有些學校把老師、校長抓來，學生輪
番疲勞轟炸，拚命地審問，他們可以輪流去吃飯、休息、
上廁所，校長不可以，一直弄，弄得有些校長說「我不
幹了」。最厲害的就是中國文化大革命，有沒有比這個
破壞得更徹底？大學一九六六年關到一九七六年，整整
十年，如果有人正好那個時候要進大學，正好沒有大學，
每一間大學都關門，大學教授流放到鄉下種田、養豬，
做什麼都可以，有一個很幸運的朱光潛，被派到故宮博

物院掃地，他說：「太好了。」他就利用那個時間研究
中國歷代的服裝考，一本這麼大，大家要演連續劇，你
如果沒有這一本參考實在演不下去。我在倫敦看到這本，
我覺得這本書太好了。他是最幸運的一個，怎麼會到那
個地方，這麼巧。這還和你自己的個性有一點關係，像
我們這個溫和保守的，你再怎麼走，也不會走到兩邊的
極端。

問（林秀珍教授）：簡校長、老師，我想請教老師，因為老
　　師在一九九七年田老師紀念會上的演講裡面，曾經特別
　　談到說，從事教育工作的教師們如果常常把無力感掛在
　　嘴邊，那是一種「教育性的自殺」。就我們所知，老師
　　從以前在國小任教的時候，其實就是用像 Pestalozzi 的精
　　神在照顧老師的學生，甚至對於很調皮搗蛋的學生，老
　　師還把他二十四小時帶在身邊，讓他跟老師住在一起，
　　一直到老師在大學服務，我們發現老師留給學生的時間
　　遠遠超過留給家人的時間，我比較好奇的是，想請問老
　　師，這麼多年來，老師可以在教育的崗位上始終如一，
　　這份愛可以源源不絕地給出來，老師的「教育愛」是不
　　是有所謂的源頭活水？能不能從老師的經驗裡面給我們
　　後生晚輩當作一個借鏡或參考？
答：這個大概是宿命，命定。我不知道我的名字為什麼要這

麼叫。以前國中校長來師大進修，要回去時他們互相道再見。他們說：「老師，我們一直在互相問，你信什麼教？我信『歐陽』教。」我說你們也差不多一點，怎麼這麼講，我不是可以信的，我是可以做參考用，怎麼可以信，一信下去就沒完沒了了。我的確對家人有一點遺憾，你在學校花的時間多一點，在家裡花的時間相對的就比較少一點，尤其小孩子在成長過程當中的這一段，很重要，真的很重要。我常常在師大向來進修的老師或師大的同學講，我們一個很好的老師，一天到晚都在耕耘別人的田地，自己的田地就放在那邊拋荒。的確，因為我看的太多了，過去我們很傑出的同學在台灣南、北當校長，尤其是女校長，以校為家，全心全力奉獻，自己的家放在那邊拋荒。我們看了的確於心不忍，有些女校長請先生當家庭主夫，不能兩個都在外面，不然小孩子怎麼辦？但是也要先生願意，先生不願意的話要怎麼辦呢？我是這樣，大概和家裡有一點關係，我是從生母生父過房到也是同宗的叔伯兄弟家，現在日本的民法裡面還有「過房子」，我們光復的時候民法裡面還有「過房子」，現在沒有了，我們統統變成養子。過房子就是自己的親屬裡面抱過來抱過去，肥水不落外人田，是簡單的理由。在我念師大的時候，我生父生母把我們家旁的一塊地捐出來給一個美國牧師蓋一間禮拜堂，本來他

們要到外鎮去做禮拜，比較遠，那個時候也沒有多少交通工具，比較辛苦，就蓋在這邊，也比較方便。有一天我從師大回去，我父親說：「要做大的就要幫人家洗腳。」我說我爸爸沒有念書，怎麼會講這種道理，原來是聖經裡面講的。有一次我去高雄師範大學，參加一項研討會。等我報告完畢，長榮管理學院某主任對我說：「歐陽教授，我猜想你爸爸一定信基督教。」我說你怎麼知道，他說：「知道啊！耶穌說要幫人家洗腳。我們長榮管理學院畢業典禮，孩子腳伸出來，我們就要幫他們洗腳啊。」這就是要謙卑，要有愛心。像高雄餐旅學院也不錯，學生進來要給老師行跪拜禮，畢業時還是要給老師跪謝禮，這個時候老師紅包準備好，人家行跪拜禮，紅包一包一包發。餐旅學院辦了兩三年後，就成為全國第一流的學校，老師很有愛心，學生也拚得很厲害，就業率最高，國內外廠商、經理說公司給你多少，喜歡的話就和我們對談，要就去，全國大概沒有辦得這麼吃香的學校。它有自己的文化，那一套大概全國很少學校跟著辦，要非常非常有愛心，外面大飯店的大廚師來調教調教，完了正好就帶回去，馬上就工作。至於是不是因為家庭的關係？也是有一點點，我過去成長過程中，念台南師範，還有師大，老師們的教導大概也有一點關係，一直都是走這條路，所謂「教育愛」，無差別的愛。

不過，的的確確想起來對家人是比較虧欠。我最近跟家人談起來，小孩子說不會啊！但是我還是覺得虧欠。

問（高強華教授）：主持人，簡校長、歐陽老師，還有各位先進、各位同學。我想我每次聽歐陽老師的專題，感受都非常多，他的學問、他的生命，你感覺到的都是有血有肉、真真實實的，裡頭會讓人回想很多的東西。我想利用這個機會請教老師一些問題。畢竟老師是人文的、哲學的，這是個理工掛帥的時代，C. P. Snow在講「兩種文化」的時候，兩種文化激盪的結果，到最後輸的一定是人文，這幾年這個氣氛尤其是這個樣子。老師學的是人文，有沒有覺得懷才不遇？人家講奈米、遺傳基因，好像很先進，老師有沒有覺得生不逢辰呢？老師你提到幸或不幸，命裡頭怎樣？有沒有這種感受？我想有些人覺得懷才不遇之後，他會有些什麼作為出來，生不逢辰之後，他會有什麼作為出來，三十年來，從我第一次上老師的課，到現在聽老師的演講，就是那麼的一貫，真的是吾道一以貫之，您是怎麼做到的，我們真的是非常的敬佩。請教老師。

答：生不逢辰真的有一點。為什麼我不是生在含著金湯匙的家？為什麼我不生在含著一雙金筷子的家？還有為什麼我生在那麼不幸的童年？每天美國的空軍炸得真是寸草

不留，這影響我一輩子。每次看到天災地變或是戰爭的
畫面，電視上的也好、報紙上的也好，我都比一般人敏
感，就是因為這個童年。我剛剛講《蒼蠅王》，這部電
影，我在師大二、三十年，早年陪學生看，看到第三次，
晚上做噩夢，從此以後，每次看到某一點，我就說我要
出去一下，學生一直不知道我在幹什麼，怎麼溜走了，
怎麼可以這樣呢？明明知道那是假的畫面，但是會讓我
想到童年。如果說生不逢辰大概是這一段，但是不能以
偏概全，以這一段來概一輩子，或是半輩子，就是生得
逢辰。從我念書的時代到現在，一路上，我覺得都有很
好的老師、同學來指導、陪伴我。尤其在師大，我剛剛
講師大是我的衣食父母，幾十年來在這裡教書，我教他
們，他們也教我，我在哪本書的前面也這麼講。如果我
不是在師大教，在別的地方，或者比較小的學校，或者
素質沒有這麼高，老師或者學校的長官素質沒有這麼高，
大概我的成長就會比較差，這就是生也逢辰。到國外也
是一樣，那個時候碰到Peters、Hirst，我覺得也是人生可
遇不可求。那麼有沒有懷才不遇？這一點我好像沒有想
到，因為我打定不當官。我師大畢業那一年，一九六〇
年，分發到台南市去服務，有天早上差不多十點多，台
南市黨部主任委員打電話到學校來要見我，我說我在上
課，怎麼現在一定要去，大概總統要召見也不用那麼急

嘛！中午我下課再去好了，他說不行馬上要來。一去，他說現在政府要栽培台灣的年輕人，將來要接棒，他說一個縣市選兩個人，台南市選兩個，一個就是你，我想想，我怎麼忽然變得這麼偉大？我說我明年就要回去念研究所了，他說你念那個研究所沒有用啦！這個國家要給你栽培，你一定要去。如果我當時去，大概現在不曉得在幹什麼，大概也會說是懷才而遇，遇得很好，可能也很不好，可能當官貪污，老早就槍斃了。當時上面怕馬上接著美國要選舉，民主黨選民會放棄台灣和台灣斷交，所以要趕快培養台灣的年輕人接棒，一個縣市取兩個，一個取到我們師大畢業的，跟你們也有關係，人家不選什麼大的，就選師大的，我們與有榮焉，對不對？可是沒有用，這次真的很可惜。好吧！懷才遇或不遇，你們自己去判斷吧！我不覺得我懷才不遇，因為我不走這條路啊！我從國外回來，人家也說你可以當什麼，當時我也可以去啊！但是我想不要。

問（黃光彩校長）：我觀察到的一個問題就是，我們的年輕朋友都不太願意問問題，請問老師，怎麼才能幫助他們敢多發問，或者不怕發問。

答：這跟我們的傳統也有一點關係。師大圖書館有一本書大概一兩千頁《世界的道德教育》，一個日本人寫的，他

說我們東方的文化，日本也包含在內，在儒家的裙蓋底下，朝鮮、韓國、台灣、日本、越南，還有中國大陸的文化，形成一個大人的權威比較大，小孩子在下，上對下的倫理，西方則是橫的倫理。在上對下的倫理裡，小孩子從家庭開始，就是「小孩子有耳無嘴」，不要說話。問媽媽為什麼這樣？為什麼那樣？為什麼該這樣？不該這樣？媽媽說不要講話。Piaget 在一九三二年寫《兒童的道德判斷》說，小孩子開始問東問西，不管問 is 或是 ought，這樣的問題，事實的或是價值判斷的，這個 why、那個 why，你就要給他 reasons（理由），他還不懂，就再商榷。從小在媽媽懷抱裡，這就是橫的倫理。我們傳統不是，我們是上對下的倫理，小孩就比較拘束，我以前寫過的《德育原理》一書也這樣說，就是我們大人的權威實在太大，家庭裡面踩一次，小學裡面又開始再問老師又踩一次，國中又踩一次，到大學時就像校長講的，孩子都不敢問。如果從小就鼓勵他開始問東問西，那怎麼不敢呢？昨天我在文大，以前我在政大教過的一個同學，她來看我，因為她最近升等通過，她改行學商業管理方面，因為先生留美，說一定要跟他學的一樣，換跑道換得很辛苦，所以才這麼晚升教授。她說：「我那個小孩子現在才小學幾年級，跟我講，媽媽，我將來長大不結婚，我就算結婚也不生孩子。或者生孩子給妹妹來

帶。」媽媽說你怎麼這樣，妹妹比你小，那妹妹生的小孩給你帶好了。像這樣的小孩怎麼會不敢問？又有一次，我另一個學生，在某一個大學當輔導主任，她說要帶小朋友來看我，我說非常歡迎。她說你等一下要忍耐忍耐，我說我非常高興。他們來到我系主任所長辦公室。那個小朋友差不多小學一年級，男生，長得很清秀，一來，這裡摸、那裡摸，高的拿不到說有沒有什麼我可以上去，我說我背你上去好了。她說：「老師，我跟你說過了，我帶一個小朋友來看你，他在家裡就這樣。」我說你學輔導的，怎麼越輔越「倒」呢？他說真的很頭痛，我說換一個給你好不好，每天一起床就有氣無力，你說要哪一個？他說當然要原來的。你說到學校裡面才鼓勵他發問，這已經慢了半拍了，對不對？人家從小，語氣都是 asking，比較溫和的，而不是 telling，告訴、命令的語氣，英國的家長跟小朋友也都比較會這樣。尤其不吝講謝謝你。他們說：「baby 啊！那個小板凳拿過來給媽媽坐，媽媽在這邊忙。」baby 兩三歲，晃著拿過來，媽媽就會謝謝，一定會謝謝你！我到現在還養成這個習慣，我去買什麼東西，人家東西給我，我給了錢，或者找完了錢，我一定會說謝謝你！新店的巷子裡面，擺攤子的、賣豬肉、賣菜的說：「好奇怪！我每次賺你的錢，你怎麼要謝謝我呢？」我說你不在這裡服務，我就沒地方可

以買啊！像麵包店，有時候十一點回到家，買一包明天早上吃的土司，我說謝謝你！他說：「好奇怪！很多客人都不說謝謝！你為什麼要謝謝我？」我說為什麼你要開到這麼晚，等我回來買？是不是，互相啦！

問 （聽眾甲）：非常謝謝今天有這個機會來聽這個演講。我想回應高強華教授，像你剛才說歐陽教授會不會生不逢時，你們是人文系的老師，或許你們會有一種懷憂喪志的感覺，就像葉啟政老師說：「你們現在不是有SSCI評鑑，一些遊戲規則都掌握在理工科及醫生的手裡。」可是我覺得很感慨，因為你們是人文系的老師，即使是理工科的人，即使是一些醫生，每個人都一定會遇到人生的困頓，我相信你我一定也都會遇到人生的困頓。只不過是說你容易不容易走出來而已，這時候就需要有人文素養的老師出來了，對不對？可是你們人文素養的老師並沒有讓人家看到你們生命的高貴，我相信即使你們書讀得很多，就像剛才歐陽老師所講的，你爸爸書讀得不多，可是就知道要謙卑，所以就能夠行不言之教。剛才歐陽教教授也說過，有時候偏自由，有時候偏自律，站在人類學來說，演化、「適者生存」，他沒有告訴你們說「優者生存」，所以適者生存就是要因時制宜，唯變所是，有時候像戒嚴時代，當然是要強調自由，但一開

放的時候，就像是給你「方便」不是給你「隨便」。所以每個時代再怎麼變，都有一個核心價值，核心精神，所以你們這些教授都會做一些理論，可是理論是死的，所以說你們有時候要修正理論。但是那個固定的、大架構是一樣的，是對的，所以為什麼理論要做修正，就是要因時制宜嘛！這就是核心價值、核心精神嘛！所以你們這些人文素養的老師，希望你們要加把勁，因為你們遇到生命困頓的時候，至少要能自我解決，如果你們都沒辦法解的話，你們自己都沒辦法救自己，那還能救誰呢？

答：一起來救，也沒有一個人的力量能把要塌下來的天再扶起來。從我們師大講起，早年我就非常不贊成把我們理學院放在分部，他們成立了以後，就開始講，什麼演講、活動都在本部，我說你們自己喜歡流放到那邊的，我說你們以後一定要多請一些人文的、藝術的到那邊演講，這邊的也多請一些科學的來演講。早年師大蓋新的宿舍，我就在師大有關的會議上告訴張校長，應該把不同系的學生編住在一起，他們就會自自然然地熬成一鍋，通才通識卻不花你一毛錢，這是非正式的課程。為什麼一定要白天上課在一起，晚上回來又要住在一起？比如說有一次我去師大分部演講，我說現在快十一月下旬了，你們從進師大化學系到今天，快三個月了，你們有沒有去

師大本部串串門，有的舉手？一個都沒有，我說你們把台灣師範大學念成台灣師範化學大學，怎麼念成單科大學？我說你們四年級的時候，我再來問問你們有沒有去音樂系串串門，聽聽音樂？或者交一個音樂系的朋友，當你做化學定性定量分析，分析得死去活來，音樂系的朋友說，讓我唱一曲給你聽聽。或者英語系的來了，說我演 Shakespeare 的一段戲給你看。我說你們不可以這麼封閉地念，因為我們是師範大學，我們將來要當老師，在大學你如果交友多一點，說不定你的人生也比較美。我念大一的時候，都去音樂系，那時我們也沒有多少唱片，張大勝和我是同年，他就每個禮拜到各大使館去借，借回來，他就開始刻鋼板寫名曲介紹，這是 L.van Beethoven（1770- 1827）的田園交響樂，歐陽教上個禮拜點的，下個禮拜要放。我說下個禮拜我正好要考期末考，我不能來。他說你叫我這麼辛苦去借的，你都不來，從今以後不要再來了。我嚇得半死。我說好。又有一次，他說Marian Anderson 星期一會到師大來演唱，你要記得喔！下禮拜一喔！他來台灣一定會來拜訪師大音樂系喔！我說那個時候我要上英文課啊！他說英文課管它的。好了，我就坐在最後的地方，靠近門口，看老師點過名我就溜走了，結果到我們師大禮堂，都爆炸了，許多人都已經站到外面來了。

問（聽眾乙）：我先回應一下剛才黃先生的提問。其實要在
這麼多優秀的師長面前提問，是需要克服滿多因素的。
並不是我們沒有問題，而是真的不容易，是要學習的。
這裡有兩位師長是我認識的，單老師和林老師，我是第
一次聽歐陽教教授的演講。剛剛我注意到一點就是，歐
陽老師提的東西其實滿深的，雖然看起來很不相關的例
子，其實是滿深的。我想，教育的淑世有一個重點是說
要照顧到弱勢的學生，現在我感受到有一個問題就是人
跟人之間的冷漠、疏離感，甚至有時候是對立的，這個
問題就教育者而言，要怎麼處理會比較好？第二個問題
是，最近的新聞我還注意到一條是辜振甫老先生過世，
因為我覺得他滿厲害的就是，他能在台灣和大陸對立那
麼久之後，有辦法去和他們談，而且能夠談得好，就我
們教育者而言，我們有沒有辦法能培育這樣的人才出來？

答：第一個問題，談到疏離。我本來晚上來，就一定向大家
道聲恭喜、新年平安，現在請各位和隔壁座位的人打招
呼，你好、我好。我們現在就少了這一塊，touch（接
觸），我們人與人的關係，都是surface relations（表面關
係），不是 deep relationship（深層關係），沒有深入筋
骨的關係，尤其我們這裡更是這麼教，小朋友，出去不
認識的人要拿糖果給你，你不要喔！不要跟不認識的人
打招呼，這樣現實不好！謝謝你提醒大家。第二個問題，

辜振甫先生文質彬彬，是一個 liberal education（博雅教育）最成功的典型。因其家境富裕、天資聰穎、多方興趣、勤敏好學，所以造就了他溫文儒雅的優美人格，這當然是一種教育理想，但不是學校教育容易辦到的事。

簡校長：謝謝大家的參與，謝謝歐陽教授深入淺出的演講，今天的活動到此結束。

教育名家講座

教育的淑世與悲情

國立臺灣師範大學教育學系名譽教授

歐陽教

一、教育的本義與歧義

㈠本義：淑世

㈡歧義：悲情

㈢實際：淑世與悲情

二、人性、自然與文化的不完美

㈠人性的缺陷：合情近理與違情悖理的人性

㈡自然的缺陷：順境與逆境的自然

㈢文化的缺陷：文化（思想、制度、器物）正負面發展

三、文化的特化

(一)思想的特化（不能活用思想與方法，反而淪為其奴隸）

(二)制度的特化（不能活用制度，反為其所役）

(三)器物的特化（不能活用器物，反為其所役）

(四)特化與悲情

四、教育的淑世功能

(一)淑世的教育思想（活用教育思想與方法）

(二)淑世的教育制度（活用教育制度）

(三)淑世的教育器物（活用教育器物）

五、教育的特化悲情

(一)教育思想的特化與悲情

(二)教育制度的特化與悲情

(三)教育器物的特化與悲情

六、教育即藝術

(一)淑世的教育是藝術

(二)悲情的教育是缺陷

(三)$P1 \rightarrow TT \rightarrow EE \rightarrow P2$

(四)I teach therefore I am

4

教育行政決定的藝術

✍黃昆輝

國立臺灣師範大學教育學系兼任教授

序言：從幾個經驗法則的檢視說起

從事行政的人常依循兩個經驗法則來做決定，其一，「拿得起、放得下、兜得轉、耍得開」：決策者應有一定的原則並能適時保持彈性，而領導一個機關就像在轉動一部機器，要懂得維持組織功能的運作於不墜，並同時以倡導的、革新的態度做必要的決定，以推動組織發展。其二，「有法依法、無法依例、無例如擬、無擬交議」：行政工作者當然要學習保護自己。事實上，這兩個經驗法則雖然有其一定的效用，但要取菁用宏，守經達變，否則第一個經驗法則容易流於空泛，而第二個也就極易趨於被動保守推卸責任。因此經驗法則亦應依人事時地物的改變而有所變化，這也正是行政決定的藝術所在。

以下先介紹決定的性質；接著依序分析行政決定的核心概念、教育組織活動的特性、決定團體及領導方式、提高合理性的三層面；最後，再進一步析述漸進策略及權變決定，與穩健決定的原則。

一、決定的性質

　　教育行政決定是公權力的行使，故行政決定並非一般工商企業所做的決定，而是人民賦予政府的統治權，政府基於公權力來做決定並加以實施。概括來說，行政包含兩種連續性的活動，一是做決定的活動，另一則是將決定付諸實行的活動；有效能的組織不但要做成明智的決定，而且要能有效地加以實施。

　　整體來說，行政係一種科學，但就做決定而言，不但要了解問題真相、分析癥結、提出解決辦法，並且還要透過人際關係的和諧、共識的建立、意志的集中，才能把決定推展出去，這就要靠藝術的功夫。歸根結蒂，做決定不但要把事情做成，還要做得圓滿，俾使未來行政推動更穩定且順利。所以，做決定是科學與藝術相結合的活動。

　　做決定是行政組織的中心功能，關係整個組織的運作，非常重要。首先要指出的是，「決定」跟「決策」是有分別的，決策是指政策上的決定，而決定則泛指所有的抉擇，包含政策性的決定和非政策性的決定。政策性決定係對有關教育發展的重要課題，提供普遍性、策略性及通用性的處理原則；至於非政策性決定，可概分為執行性的決定及運作性的

決定，前者如規畫執行九年國民教育的一系列決定，而後者則通常指維持組織運作的例行性決定。

二、決定的核心概念

無論談何種決定，政策性或非政策性，往往均涉及以下幾種核心概念：

(一)合理性

什麼是「合理性」（rationality）？教育行政決定是否合理，並非絕對的價值，而是相對的概念。以前經濟學講「全知理性」，即做一項決定能全然的預測其未來可能發生的後果。惟後來社會科學證明人的理性是有限的，對於可能產生的後果的相關知識往往零碎片斷，不夠完整。是以，合理性在此宜解釋為「較佳的選擇」（better selections），即在謀求教育發展或解決教育問題時，研求若干可行的備選方案或方法，在衡量比較彼此間利弊得失、輕重緩急後，從中選擇較佳者。基本上，沒有絕對合理的決定，但如果所做之決定是當前所有可行的方案或辦法中較佳的選擇，基於「兩利相權取其重，兩害相權取其輕」，那麼也具有了相當的合理性。

(二)價值與事實

做任何決定，通常涉及到「價值」與「事實」兩個相關問題。做決定時應思考這樣做是否值得？是否應該？划得來嗎？等價值問題，如能確實釐清問題的價值，並使成員的價值觀念一致，那麼所做之決定在目標的掌握與達成上，業已過半。再者，做決定時亦要了解事實，其真相為何？根據的事實資料為何？這些相關事項都須加以掌握。爰此，做決定應同時考量價值跟事實，惟以教育政策來說，因其牽涉較廣較大，往往較難以有一致化的價值觀念。

就以一九七○年代美國與中國進行所謂「關係正常化」為例，當時美國是民主陣營的領導國家，突然想要與共產國家建立友好關係，恐有悖於一般民眾的認知與態度，故當時美國政府利用大眾傳播媒體，以逐漸改變民眾的認知與態度。先時灌輸事實（中國擁有廣大的人口不能加以忽視），再建立民眾新的價值觀（中國的七億人口對促進美國商業有莫大的幫助，且即使結交新朋友亦不會忘記台灣這個舊朋友），在這樣雙管齊下的方式下，漸漸的美國政府與民眾建立了起碼的共識。

㈢意見與態度

做決定要能分清楚意見與態度的異同。意見與態度係指一個人對某事的一種心理反應的準備。不過，意見則是比較表層的，而態度是比較深層的；意見是對事情的局部做出反應，而態度則是涉及事情的全盤；意見比較容易改變，而態度的改變需要花較多的時間。

舉例來說，一個人非常支持並重視教育（態度），但不一定同意九年一貫課程或是高等教育量的大幅擴充（意見）。爰此，教育行政決定除了要了解態度，更要掌握意見，因為唯有掌握、改變意見，才能使政策之形成更為容易。

㈣確定性

人往往因缺乏完整的知識與訊息，而難以確知決定可能產生的後果。身為一個行政工作者或行政主管，最困難的是，當面臨到進退維谷的情形時要做決定。因這一決定往往會犧牲一部分的價值，成全另一部分價值；會符合部分人的意見，亦會違反另外部分人的意見。是以，決定者若能有六、七成可預測該政策會產生何種後果，則做決定時也較能心安理得。

(五)備選方案與可能後果

能否研求適量可行的變通方案並分析其可能後果，關係所做決定的合理性。做決定的過程中須詳舉所有策略方案，俾對個案衡權利弊得失，據以相權比較並做出較佳的選擇。而備選方案品質的好壞、可行性的高低，與參與的人及其所做的後果分析，都有很大的關係。

(六)參與

民主制度的運作需要靠參與，參與有一定的作用，適度參與能博採周諮、集思廣益，而讓未來政策執行者參與決定過程，才能在執行時把握決策的要旨，不會有所偏差。

三、教育組織活動的特性

教育組織包括「學校組織」與「教育行政組織」。不管是學校組織或是教育行政組織，都有幾個特性，教育行政決策者應予重視。

(一)教育為國家發展的基礎，而教育系統更是整體國家系統的支援系統

　　一個國家的力量主要有三個來源，即教育力、國防力與經濟力，而教育力又是國防力及經濟力的基礎。若是教育力不強，則經濟無法順利發展，國防力量亦無法壯大。例如，環保學者希望中小學教導有關環境保護的知識；社會學者希望中小學教導有關價值觀念、理想、態度的涵養等，以維持社會秩序；而經濟學者希望教育國人勤儉，並有正確的教育投資觀念。由此可見，教育不但是基礎，亦是各層面的支援系統（supporting system）。有鑑於此，教育改革牽一髮而動全身，不能衝得太快，因為教育需要對所有支持系統全盤觀照，方宜訂下政策，教育的較具保守性是每個國家都一樣的。

(二)教育為百年大計，應有長期的透視、遠景的構思，及前瞻的規畫

　　例如，現在高等教育量的大幅擴充，很值得檢討。以前的高等教育政策是關前門開後門，現在則是開前門又開後門。這樣的教育政策是否符合教育的長遠理想呢？會不會走向平庸化？值得吾人深思。

㈢教育的實施，涉及每一個家庭，影響廣泛，教育決策應顧及整個社會結構與變遷

　　舉例來說，近年來大專院校數量的擴充，社經地位中下階層的子女考入的人數比以前多，惟目前大學有三分之二是私立學校，私立學校的收費較公立學校貴得多。以一個中等收入的家庭來說，如果有兩個孩子考上私立學校，一個孩子一年要花二十萬，兩個就要四十萬，如此家長豈不叫苦連天？以往，家長不管如何勒緊腰帶也要給孩子念大學，因為大學畢業後可以馬上找到工作，大學學歷亦代表一種成就。反觀現在大學生數量眾多，畢業即失業的危機益加嚴重，大學投資報酬率的感受亦相對降低了，所以抱怨批判之聲此起彼落，不絕於耳。可見，一項教育政策確實涉及每一個家庭及整個社會結構。

　　又比如是否廢除職業學校的問題，試問：現在我國整個社會職業結構，高科技人員與基層技術工人，何者佔較多數？這個問題想是不問自明，我國高級職業學校培養基層技術或半技術人才，為工商企業之所需。因此高職是否存廢非常清楚。事實上，高職不是不要改革，而是要與時並進，並調整類科、更新設備，但絕非廢與不廢的問題。這點就是牽涉整個社會結構的問題。

㈣教育問題往往涉及價值觀念，欲凝聚共識，較為費時而且較困難

　　凡政策性問題往往涉入價值的命題，而教育政策的問題則涉入價值更深，故一項教育政策的制定需要花較長時間來凝聚共識。例如高等教育是要菁英教育還是普及教育的問題，有人認為讓更多人接受高等教育，可以提高民眾的知識水平，是正面的。而另一方面，則有人認為高等教育普及化後，其品質會流於粗製濫造，反而降低水準。

　　又例如，有人倡導延長十二年國教以減少學生的不當補習。而問題有這麼簡單嗎？這往往都是一種量的迷思，事實上國人都希望念好的學校，並非有學校念就好，所以僅以延長國民教育作為問題解決之辦法，想必也是無法解決升學的激烈競爭及壓力。是以，如何去平衡兩種觀念是需要花時間建立雙方的共識。

㈤教育功能複雜，其效果不能立竿見影，評鑑得失，不能流於急功近利，而只重浮面績效

　　教育效果無法立即見效，如欲評鑑教育的效果，在認知、技能的方面評鑑或較容易，但情意方面如態度及理想的培養

就不容易評鑑出來。教育的評鑑有其一定的難度,但無論如何,程序性與總結性的評鑑仍須兼顧。

(六)學校組織係規範型組織,屬文化取向,組織成員(指教育工作者)教育水準較高,行政主管宜慎用行政權力

身為領導者應善用規範型權力,無論對學校學生、教育工作者的尊重、關懷是非常重要的,不宜用強制型權力處理問題,否則是無法圓滿的。

四、決定團體及領導方式

領導一個學校或教育行政機關,當面臨決策時,通常不是由一個人做決定,尤其是重要政策,必須透過團體歷程來做決定。

(一)須以團體歷程做決定的時機

1.當問題有關資訊與知識分散於不同成員時:希望對相關問題做全盤的了解,並得到有價值的參考意見。

2. 當需要擴大參與以尋求支持時：要政策獲得支持，必須讓政策相關人員參加。

3. 當做決定之權不宜集中於單獨個人時：多面向考慮，以增加不同的觀點及替代方案。

4. 當爭議性問題需要建立共識時：要花時間用團體歷程來達成共識。

(二)決定團體的組成

1. 參與人數過多過少皆不宜。一般來說，超過十五人就很難運作，因要讓每個人都有充分時間發言，交互討論，是有困難的。

2. 宜邀對問題有研究、與職權有關以及負責執行之成員參加。

(三)領導方式

1. 採「任務取向」或「關係取向」：所謂「任務取向」，係在團體歷程中鼓勵成員發言，盡量提出辦法，並比較利弊得失以形成決定；而在「關係取向」中，對於成員表達的各種意見，主席不做任何認同、說服或制止的表示，其任務是維持會議順利進行並保持中立。

2. 重「內容管制」抑「歷程管制」：「任務取向」重視內
容管制，如討論議題內容如何？有無明確共識？辦法是
否可行？議案內容的實質討論；而「關係取向」則較重
視歷程管制，如重視讓會議進行順利，並能圓滿和諧。

以上兩種領導方式各有其優劣及適用時機，領導者應能
視當時情境因素，權變選擇適當領導方式。如當人員關係不
錯時，可採任務取向，當人員關係不睦或是內部討論氣氛不
佳時，即採關係取向。

㈣避免「集體思考」現象

高凝聚力團體有時候會孕育出一種所謂「集體思考」
（group think）的現象，依 I. L. Janis 的看法，「集體思考」
係指一個凝聚力很強的團體，因其團體文化注重和諧團結，
總是避免成員表達不同意見，而團體成員會發展出一種無懼
攻擊的假象，而又受到外界不利刻板印象的支持，對於外界
的批評會以嘲笑回應，並且低估反對者或競爭者，忽視外界
的批評，對潛在問題警覺性低。影響所及，方案一經提出，
即使成員心中有不同意見，也會經過「自我檢查」而不予提
出，很快就獲致高度的支持。這樣的決定不但危險，其周延
性及可行性也是有疑問的。

一九六一年美國 J. F. Kennedy（1917-1963）總統決定要

入侵古巴豬玀灣就是一個實例。當時決策小組皆為才識之士，機靈而善做理性分析，可是在團體討論上，因凝聚力強，也出現了「集體思考」的現象。其假設：讓一千四百多個流亡在海外的古巴人回去推翻當時獨裁者 F. Castro，因民眾本來就對其暴虐統治因素極反感，必會揭竿而起，自動加入革命行列。這個決策小組假定行動一定會成功，並意見一致達成高度共識，在匆促決策下，低估入侵失敗的冒險性，不曾考量到一旦入侵失敗，古巴會轉進蘇俄基地，該處距美國僅有九十英里，裝備有核子飛彈，並且駐紮了五千名蘇俄軍隊。在此種集體思考所做的決定下，終於導致了致命的失敗。

五、提高決定合理性的三個面向

欲做比較確當合理的決定，涉及了三個層面，即做決定的情境、做決定的過程，及做決定的人。

(一)決定的情境

1. 容許決定的時間：做決定前須考慮允許做決定的時間是否充裕，如此才沒有心理壓力，才能蒐集更多資料，聽取更多意見。

2. 參與決定的人員：讓適當的人參與決定往往可以得到有價值的參考意見，如將來執行決策者、將來受到決定影響者、相關專家學者等皆要參加。

3. 受決定影響的人：在擇定變通方案前，須考慮決定付諸實施後可能受到影響者的心理反應。

4. 適用參據的資料：做決定要了解問題關鍵、癥結所在，據以判斷的資料要設法蒐全有關資料，如法令、研究、專家意見、教育同業人員之看法等。

5. 構想的備選方案：發展備選方案相當費時費思，決定是否合理明智，跟發展出更多、更好的備選方案有密切關係。

6. 價值觀念的一致性：價值觀念較為一致，所做的決定才有合理性，而價值觀念不一致，意見紛紜，代表還不成熟，不能輕易做下決定。

7. 權責的來源：做決定的權威與其應負的責任應屬相當，也就是說權責要相符。

8. 未來決定所受之影響：做決定即是一系列的選擇，換言之，任何決定通常具有連鎖的性質，因此做決定須能「瞻前顧後」，尤其是決定的影響可能很廣很深時，應更加謹慎。

9. 決定付諸實施前之評估：當決策共識已形成，在實施前還要對可能的成效做一評估，再問：這樣決定安全可行

嗎？對機關有意義嗎？能獲得較大效果嗎？受影響者可以接受嗎？政策可以延續嗎？

(二)決定的過程

1. 認識問題：認識問題是做決定的第一步。包括界定問題、問題涉及的範圍為何、是單一還是全部、是制度上還是人的因素等。

2. 分析問題：針對問題性質、重要性、問題處理原則等分析。如關鍵在哪？牽涉哪些面向？要從哪幾方面下手解決？

3. 建立標準：訂出解決問題的標準。往後有關資料的蒐集與研判，解決方案的選擇，才能據以進行。

4. 蒐集資料：俾進一步探討問題的背景及發展解決問題的變通方案。

5. 研擇方案：發展解決問題的變通方案，權衡評估每種變通方案的利弊得失及可能後果，並選擇一較佳方案。

6. 規畫執行：現在行政機關較弱的一環就是執行力，執行力之所以薄弱的原因來自多端，須仰賴對決定的執行加以規畫、控制與評鑑，俾提高實施成效。

㊂決定的人員

1. 統觀（comprehensiveness）的能力：教育上任何重要問題通常牽涉廣泛，各種因素間交互影響，是以，決定者應該多元、全面、周延的綜觀全局。

2. 洞察（insight）的能力：能對問題背後各種相關因素及相互關係做深入的分析。

3. 變通（flexibility）的能力：係指能靈活與彈性的思考。

六、漸進的策略與權變的決定

　　教育組織有科層體制、職有專司、專業分工、層層連鎖等特性，因此決定者在做決定時應注意採取以下策略：

1. 一般情形，宜採取漸進策略（strategies of incrementalism），尤其是個別累增（disjointed incrementalism）：大幅的改革，抗拒較大，成事不易，在一般情形下，宜先採局部的革新，逐步解決。

2. 教育文化政策最好採取「綿延不斷的革新」，避免「跳躍躁進的革命」：因為教育文化牽涉價值深遠，影響層面廣大，重大教育改革對於社會衝擊之大、影響對象之

眾，不言而喻。

3. 注重適宜性（optimality），其係一種相對的價值、比較的概念及較佳的選擇，在特定情境內較能令人滿意的抉擇：具體而言，適宜性即在欲達成組織目標或解決問題的備選方案中，選擇一個比較適宜的，而這種選擇在一個特定時間內，可以滿足參與決策者某一抱負水準。

4. 決策模式宜在漸進中通權達變，實際上，沒有一種放諸四海而皆準的決策模式，亦即沒有所謂最佳的決策模式，最佳的決策模式取決於跟情境的契合度。

七、穩健決定的原則

(一)承受壓力、慎謀能斷

1. 避免無知的固執、輕率的改變、倉卒的抉擇，及防禦性的逃避。作為一個首長，當面臨到具有衝突性的議題，常常是難以下決定，容易順了姑意逆了嫂意，承受的壓力極大。一個領導者要能承受做決定帶來的壓力，才能避免決策的錯誤，穩健行事，而承受壓力的韌性需要磨練，要以「是非審之於己、毀譽聽之於人、得失安之於

數」，作為修養的圭臬。

2. 面對壓力，要能慎思明辨，利用客觀的調查、完整的分析、審慎的評估、縝密的規畫，而做正確的判斷，如此即較能做出正確的決策。

(二)面臨危機，從容明快

在這裡要舉出我處理一九八三年八月豐原高中禮堂倒塌事件作為例子。當時豐原高中禮堂整修，採用被建築學界所肯定的一流式建築設計，即平頂屋頂留下幾公分厚度累積雨水，超過界線則由洞孔排出，藉由此種設計可以降低氣溫，也可以省電。禮堂剛蓋好尚未完成驗收時，碰巧當時豐原高中提早新生訓練，因遇下雨只好於禮堂舉行，沒想到新生訓練前一兩天颱風下雨，把周遭樹枝、樹葉刮到屋頂上，阻塞了排水孔排水機能，加上建築樑柱鋼筋及水泥比例的一些缺失，導致發生禮堂屋頂倒塌，壓到當時正在禮堂中接受新生訓練的女同學。

遇到此種事件一定要在冷靜的態度下才能迅速處理危機。當時我一接到訊息馬上趕回教育廳，召集相關人等組成危機處理小組，並決定處理情形的優先順序。第一步，以搶救人命為先：當時仍有許多學生尚未救出，搶救工作一直持續到深夜。第二步，立即通知家長：由於還在新生訓練，因此豐

原高中老師尚未認識這些新生，加上新生來自各方，如何讓家長迅速掌握到資訊，就顯得十分重要，當時透過兩個管道以迅速通知家長：其一，利用各地警察局、派出所；其二，透過新生畢業國中校長、主任或老師。其三，於隔日立即提出辭呈，並追究相關人員責任，以示負責。其四，搭建與家長的溝通橋樑，掌握動態：由原畢業國中校長、主任或老師安慰罹難家屬，並做必要的溝通，協助辦理後續喪葬事宜。其五，為家長爭取最大的補償，爭取國家賠償金額一百萬。其六，建立新聞發布中心：危機處理腳步要快，搶在媒體報導之前，盡量主動爭取機先。

　　從這次危機事件之處理，可歸結出面臨危機時應遵循的原則：

1. 態度從容不迫，臨危不亂。
2. 即時成立任務型危機處理機制，統一指揮，分工合作，發揮團隊精神。
3. 迅速釐清處理危機的工作步驟。
4. 建立溝通管道，適時掌握資訊，隨時做出適切反應。
5. 爭取機先，做出處理的決定，要走在媒體之前，而非跟在媒體之後。
6. 爭取時效，增進社會大眾之了解，理性與感性雙管齊下，劍及履及。

(三)減少冒險

政策涉及的面很廣，因此有經驗的決策者常會設法降低不確定性，以減少冒險，常採作法如下：

- **參照經驗法則**
1. 以制度化解壓力：舉例來說，當時我在臺北市政府教育局服務，學校編有合作中心的預算，因預算較大，建築師都需要提出申請，而議會教育委員會有建築師，透過旁敲側擊的表達其想要的設計，這帶給校長很多壓力，於是校長請我幫忙，我跟他提出我的想法：首先，要沒有私心，先寫出建造房子欲達到的教育功能，如要集會多少人、要打什麼球、多大面積、多久要蓋完等，讓有意願者可索取簡章，一律採取通訊報名。然後，由建築專家學者組成一個評審委員會，校長僅列席，不參加表決，參選之建築師皆採匿名方式。遵循這樣客觀公正的程序，即使有人落選也無話可說，這就是利用制度化解人情的壓力。
2. 以透明袪除疑慮：在我初任臺北市教育局局長時，當時歌星證是由教育局核發，想要在歌廳或電視節目登台唱歌，必須要有歌星證，當時有人跟我反應，傳聞需要送

紅包才能獲得歌星證，那時我雖並不了解有關歌星證核發之事，但允諾去了解。雖然我很相信同仁的品格操守，但何以有這種風聲傳出？其中必定有其原因。於是在我了解之下，發現是整個流程不夠透明，如考完試沒有當場發表結果，亦沒明確告知幾天後可領到歌星證，因而招致許多臆測之說。於是，當時我就要求我們同仁，將好幾十位音樂專家列為考試委員，在考試前一晚八時左右，才決定考試委員人選，因此，應考者無法事先得知考試委員為何人；另外，考試結束當場即公布成績，並且明告在通過一星期後即可拿到歌星證。如此讓考試程序透明化，即可避免黑箱作業之嫌疑，也就不會有人對考試正當性有所質疑，同仁更不致蒙受不白之冤。

3. 以「系統概念」解決問題：所謂系統（system），是指一組相關聯的因素，互動合作，以達成共同的目標。一九八二年，我在教育廳服務時，第一次去省議會列席教育預算審查，當時有位中部出身的省議員把我請了出去，表明想要得到這次師範專科學校編列購置鋼琴的預算，否則這次教育預算就不給通過，我只好跟他說明這筆預算是編列在學校，列在學校單位預算，執行預算為個別學校，廳長不可下命令要所有學校皆買他的鋼琴，否則即有違法圖利廠商之嫌。我又向他解釋，只要讓學校知道你的鋼琴物美價廉，得標的機會應很大。不過他的態

度仍十分強硬，撂下狠話：如果不答應，等著瞧。我即悟出了一種系統概念，想起當時政壇流行一種說法：即「官員怕議員，議員怕記者，記者怕流氓，流氓怕警察，警察怕官員」，我旋即了解這位議員是從哪裡選出來的。發現是農會系統幫他選出來的，而當中又以其競選總幹事最有影響力，剛好這位總幹事有位親戚在某校當校長，於是我便請校長聯繫其親戚總幹事，幫忙勸導該議員，後來等到審查教育預算時，那位議員就沒有再出現，讓預算順利過關。這雖是一個簡單的例子，但如能善加利用這種觀念，一定可以解決很多問題。

4. 以「阻力之最小」突破困難：因為問題錯綜複雜，決策者應尋找當中難度較小的點加以突破，由易到難，一步一步加以化解。

・巧放試探氣球

巧妙透露擬採政策，以試探有關人士的態度與看法，確知決策是否獲得支持、是否可行。英國在這方面做得很好，尤其在教育改革方面，透過各種報告書，間接試探社會大眾對改革的看法。

・實施輿論調查

做系統性的了解，俾為決策之參據。

・延緩決策

如尚未建立共識或難以預測政策實施的可能後果時，宜酌予延緩。

・評估決策

在政策未正式定案宣布前宜先評估，試問：這樣的決定對組織有何意義？受到影響的人有何感受？執行人員是否有能力有意願加以執行？對後來的決定會有什麼影響？一一加以審酌後，始宜形成決策，發布實施。

㈣減少抗拒

抗拒改變的因素來自多端，包括有：⑴參與決策不足；⑵政策背後旨趣未得到了解；⑶人們以習以為常的固定模式做反應；⑷人們非理性及情緒化的人格特質凌駕理性；⑸價值觀念的不一致：⑹人們的權益受到威脅等。要針對原因，降低或化解抗拒。

㈤決定的藝術

依 Chester I. Barnard 的看法，行政決定的良好藝術如下：

1. 時機未成熟時，不做決定：如意見仍然紛紜，還未建立共識時，做決定的時機尚未成熟，不宜遽做決定。
2. 不中肯的問題，不做決定：否則即使問題獲得解決，亦無濟於事。
3. 不做別人應做的決定：宜照權責分工情況做應做之決定。
4. 無法得到更大效果時，不做決定：無法想出比現行更好辦法時，不輕易改變。
5. 多做有關目標導向的決定：對組織發展較有實利。
6. 決定不做決定：當情況尚未明朗時、有待繼續了解研究時，宜不做決定。

結語：決策需要勇氣與智慧，但更需要用心

　　綜上所述，我想做一簡短結語。教育行政決定不但是一種科學，亦是一種藝術，不只要把事情做成，而且要能做得圓滿。決策往往複雜多端，不但涉及價值觀念，也牽涉到事實真相，更常涉入人的一種非理性、情緒性的反應，何況人的智能有限。事實上，決策模式的良窳取決於跟情境的契合度，沒有所謂的最佳決策模式，或是放諸四海而皆準的模式，決策需要因時、因地、因事做通權的達變。決策固然需要智慧，也需要勇氣，但更需要用心。

（本文由國立臺灣師範大學教育政策與行政研究所碩士班洪湘婷同學依演講實錄整理成文稿，並經黃昆輝先生潤飾完稿）

5

網路對校園文化的衝擊 ——解析「非校園化」的校園文化

✍郭為藩

國立臺灣師範大學社會教育系名譽教授

一、前言

　　主持人歐陽院長、本校各位老師、各位先生女士、各位
教育界的朋友，今天很難得有這個機會，向大家報告我自己
對網路文化的一點粗淺想法。今天晚上來談網路，很多朋友
都覺得我很大膽，對網路所知有限，怎麼還談論這麼大的題
目？不過我完全是拋磚引玉的性質。今天大家都在談全球化，
若是少了網路這個高效能的工具，事實上要推動全球化是有
問題的。另一方面，我們今天所生活的校園事實上正解構中，
而這股解構的力量，就是網路。所以今天我不自量力以個人
相當主觀的觀察，來跟各位提出一些可供思索的方向。

二、知識革命的第三波

　　首先，大家或許讀過 Alain Toffler 在一九八〇年出版的
《第三波》，書中提及從農業革命經工業革命而後到後工業
社會（資訊與電子工業的革命）。事實上我們已經生活在後
現代、後工業社會中。借用這三波的概念，從知識革命的角
度來看，可以把知識革命分為三期：

(一)第一波：活字印刷術（十五世紀中期以後）

活字印刷術的發明，改變了中世紀以來，知識的傳遞必須依賴抄寫的情況。在過去，很多教會的修士們在修道院中抄書以維持他們的文化。但是在一四三四年活字印刷的技術突破、一四四一年雙面印刷也發明出來之後，自然而然導致了知識傳播更為方便。

(二)第二波：傳播媒體（broadcast media）的應用（二十世紀中期以後）

電影、廣播、收音機、錄音帶，特別是電視等影視科技的發展。這些科技的特點在於傳播的功能很高，但是是單向的。我記得在一九八一年左右，我在國科會獎助下進行兩年的專題研究。第一年研究電視對兒童認知發展的影響，第二年的主題是電視對兒童社會學習的影響。事實上，二十五年前電視對兒童產生的影響，受到社會關注，情形應該跟今日網路對兒童的影響是一樣的。雖然電視的影響幅度不是那麼明顯，但是大家可以看出新傳播媒體促使一個新世紀的來臨。我們現在普遍發覺電視已成為孩子們的電子褓姆。

㈢第三波：數位媒體的革命（digital revolution）（一九九〇年代以後的互動式媒體應用）

　　互動式媒體（interactive media）的應用至今已經差不多有十年了，造成廣泛的影響。根據二〇〇四年七月臺灣網路資料中心的調查，目前臺灣地區的上網人口已經突破一千二百七十四萬，達到百分之五十六的上網率。尤其很多年輕的一代如果忽然沒有網路，就跟二三十年前沒有電視一樣生活難過。今天很多地區處理事情沒有網路，都會感到無從下手，幾乎到了做不來的地步。現在雖然中國大陸的網路發展似乎比我們慢，但據二〇〇四年的統計，大陸地區也有七千九百多萬的網路人口。可以見到的是中國大陸雖然在新聞傳播方面採取相當嚴密的控制，但是網路不是那麼容易被控制的。數位媒體的革命，同樣地在大陸發生。尤其可能縮短兩岸思想方面、知識方面的差距。所以我們可以看得出網路與日常生活的關係。我曾經多次非正式的跟很多學生閒聊，問他們平常每日上網多少時間？一般大學生的回答都自認少不了兩三個小時。上網就像是逛百貨公司一樣，到不同櫃臺去瀏覽瀏覽。今天的大學生逛網站似乎已經成為很平常的生活習慣。

三、網際網路改變「校園」的意涵

所謂「校園」，我在這裡根據歷史演變大致把它分為三個階段：

㈠中世紀以來傳統大學校園的特質：學人匯聚從事研究教學的生活社區

西方大學開始於十一世紀末到十二世紀，像是波隆那、巴黎、牛津、劍橋等古老大學是那段時間就存在了。整個中世紀的大學，基本上是一個生活社區，這個生活社區是一些學者、對知識追求有興趣的教會人士，跟隨著若干大師一起生活並學習。這些學人們為安全保護，且為了保持自主的身分與地位，通常會和當地的政治勢力、教會爭取一種自治社區的形式，與工商業的基爾特（guild，行會）會社組織一樣，以自治方式管理社區事務，並有自己的行業規範。此類學術的生活社區規模不一，像是巴黎大學在十二、三世紀就有四、五千個人跟隨 Peter Abelard 大師聚居在一起。可見，當時大學的校園，是以知識分子與大師生活在一起為主要形式，有的校園以學生為主（如義大利的波隆那）、有的以教師為主

體（如巴黎），這樣的社區有自己的規範，是大學校園一開始的特質。

(二)現代大學的校園環境

到了十九世紀初，德國的洪保爾德（Humboldt）大學發展以後，歐美大學的校園慢慢同時兼有三個特性：第一個就是「生活起居的環境」。大學校園中的hall（餐廳）、college（學舍），主要是一個生活起居的地方，有導師和學生居住在一起。美英傳統大學，如常春藤大學或是有名的文理學院都還保持這個傳統。其次，它是一個進行「教學研究的環境」。第三個是「師生互動的人際環境」，校園扮演了很重要的潛在（hidden）課程功能，這些校園的活動具備濃厚的教育功能。尤其是不同的校園分別有其特色，譬如說加州的柏克萊、史丹福和加州大學洛杉磯分校，他們的校園特色便相當的不一樣。校園文化雖各有特色，校園生活一直是教育課程或者說是身教的一部分。

(三)變調的數位時代校園

但是數位時代來臨之後，我們可以「看得到」的校園已經慢慢有所不同。第一個是，除了傳統可見的校園形式外，

逐漸出現了「不可見」的校園（invisible campus），這就是虛擬的、網路上的校園。今後不可見的校園可能逐漸壓過了可見的校園，而且把可見的校園慢慢解組了。將來的校園會慢慢的「非校園化」。例如二○○一年在台灣開始的亞卓市計畫（EduCities）中，就有五十萬的居民，這也就是一種不可見的學習校園。美國現在有七百多所網路大學（virtual university），事實上也有校園存在，只是這些校園卻是存在於網路上。在虛擬「校園」裡，學生要是想旅行，有旅行社可辦，有書店可以買書。整個校園正是以simulation（模擬）的方式模仿出來，因此可見的校園與不可見的校園確有重疊之處。

　　其次，我們知道沒有校區的開放性電子空間（cyberspace），也是所謂的校園。這樣的校園把不同性質、不同學校、不同想法的學生串連在一起。透過一部一部的電腦，把學生接連在這個不可見的校園空間裡面。它的特質就是異質性與流動性很高。可見的校園是這一群人一住就是兩三年，不可見的校園成員變動性很大，更重要的就是形成「同窗」異夢的社群。我看過國外漫畫，寫著現代的家庭裡頭，每個人都在上網，各有他自己的世界。夫婦雖然同床，但是在網路世界中或許分別劈腿，各有自己的電子情人。在校園裡面，雖然大家一起在念書，但是在網路世界中，每個人互動的對象可能已經不在同一個校園裡面。

㈣天涯若比鄰、比鄰若天涯：校園文化的全球化

因此現在的情況已經成為「天涯若比鄰」，每個人上網接觸的可能會是地球另一端、很陌生的人。但是相對的，校園中同學與同學之間卻逐漸地「比鄰若天涯」了。今天的校園文化已經走到全球化，雖然個別校園的組成是異質性很高、流動性很高；但是校園的特殊性正在逐漸消失。例如，全球化必然使得我們發現各個城市的旅館變得越來越相同，打開電視都是 CNN、BBC、NHK 或 ZZ 法國第五台 TV5，看電視慢慢的也同質化了。校園全球化以後，也會同樣慢慢同質化。

㈤（異端）虛擬的學生公寓：談網路同居

這裡頭也會慢慢出現一個異端的問題。學校中通常會有宿舍，但是學生的「公寓」並非全指學校提供的宿舍，而是學生自己形成的居住組合。我曾經看過《聯合報》報導，談到二〇〇四年國內有一個「愛情公寓」（網站），收了五萬對的同居人，裡頭有小套房，彼此大部分都不認識，在套房中除了你儂我儂之外，還可以贈送禮物給另一半、裝飾小套房、貼照片、飼養寵物等等。我自己還沒有勇氣去登記。

四、解構校園與「上課」形式的網路學習：超級校園（hypercampus）的形成

㈠從校園本位學習到資源本位學習：超級圖書館與數位資料庫的出現

我們今天的學習是一種「校園本位」的學習（campus-based learning），我們上課、上圖書館、進行課外活動都是在校園進行；但是將來我們的學習會慢慢變成資源本位學習（resource-based learning）。我們不是在校園中學習，而是到資源中心去。比方說，現在 Google 準備在三年之內把美國七個大的圖書館，用兩億美元預算把所有的一千五百萬到兩千萬本的書籍資料數位化。事實上，以後上 Google 的網站，就可以查到跨越古典與現代的著作。這種情形，使得法國人開始緊張，法國總統 J. Chirac 特別為此召見文化部長與國家圖書館長，希望能發展法文世界網路的超級數位圖書館，在二○一五年全數上線。未來中文或許也要有機構來設計及支持這樣的圖書館。今天很多人已覺得查書還不如上網路，將來我們的學習活動將是到資源中心去找資料，而不一定是在校園裡

進行。

(二)自我導向學習與同學互動學習漸成主流

前述這個趨勢，使得自我導向學習（self-directed learning）變得重要，成人教育方面一向重視成人學員的自我學習能力。成人知道自己要學什麼，在座每一位相信都懂得自己要學些什麼、怎麼找資料。自我導向學習會慢慢成為主流。過去都是老師在「教」學生，將來老師想要教學生是越來越難，老師的工作主要是輔導學生學習。現在上網的人常常樂意分享經驗，平輩之間的分享學習（collaborative learning）扮演越來越重要的角色。

(三)教師角色的轉變：由 lecturer 變成 facilitator

老師原來的角色是 lecturer，一個人講，多個人聽，今天我就是當 lecturer。不知道在座各位老師是否和我有相同的感覺：網路發達以後，當教授的越教越心虛。每次讓學生寫報告，研究生把報告提出來後，很多資料我一下子都查不出來源，當知識超越自己掌握的範圍，就會覺得心虛。我記得人類學家 Margaret Mead 曾經提到，早期的師生關係是年紀大的教年紀輕的，發展較成熟的教不成熟的；後來慢慢變成同輩

的學習。未來進入第三階段，我們可能要跟年輕人學習。像網路、電腦這些現代的知能，的確年紀大的人學習起來比較慢，就要向年輕人學習。老師最重要的是他擁有比較圓熟的觀點，所以你能夠指導學生從方法論方面著手。現在是資訊時代，但是「資訊」、「知識」、「智慧」卻是不同的三個層次。資訊要成為知識必須要結構化、建立新的認知架構，知識的建構常常要看個人的功力。我們雖然從網路上得到的資訊都差不多，取得很方便，但是這些材料要成為知識，就看個人如何去建構它們。老師可以幫助學生，像 Lev. Vygotsky 所說鷹架教學（scaffolded instruction），在關鍵的時機與層次拉他一把，讓他能夠豁然貫通。而更重要的是智慧，我在社教研究所開成人學習心理學的課，焦點在研討成人雖然處於老化過程，但是智慧仍然能夠保留。一個人，尤其在人文社會科學，到了退休年齡才正好是智慧成熟的時候，離開可以貢獻的位子，說來是相當的損失、是滿可惜的。

㈣同步與非同步論壇（聊天室，chat-rooms）的流行

　　教師的角色在改變，過去的校園是面對面（face-to-face）的關係，但是現代的網路技術允許校園裡的師生透過很多同步的或非同步論壇進行意見交流。雖然論壇、聊天室出現很多問題，但是我們仍不應該因噎廢食。大陸常常把一些 BBS

關閉掉，就是因噎廢食的例子。另外還有很多非同步的論壇也有其重要性，雖則問題也不容忽視。最近報紙報導東海大學的男生，因為女友劈腿，他就把她的資料、照片原原本本的放到 PTT 上的 grumble 恨版去發洩，無形中許多同道「見義勇為」，竟然塞爆了 BBS 站，兩個小時中有六七千篇文章。甚至連第三者那位女孩子的個人資料也被弄到站上，讓她遭受到很大的威脅。人們會說這是人家男女之間的私事，干卿何事？但是我們可以知道，一件小的問題，透過網路的散布，比一般傳播的效應還強，研究大眾傳播，不能不了解網路這股力量的可怕性。這種情形確實是一個很大的改變，早年非一般人可預見。

五、網路邏輯與網路語言的氾濫

再來就是談到網路邏輯與網路語言的氾濫問題。這個方面坦白的說，是我個人很直覺的印象，還沒有經過客觀的研究。但是我在另一次演講中，當時我面對很多資訊學者提到網路對思考影響時，他們多數還表示深有同感。我覺得網路的改變不僅改變了剛才說明的事實，更改變了我們的文字表達與思考模式。

(一)跳躍式的非線性思考

第一個是跳躍式的非線性思考。線性（linear）的思考是一步一步接續的推演出來，例如我們寫論文都循一種所謂「科學八股」的體例。非線性有一點像寫《水滸傳》，一百零八條好漢互相交織穿插敘述。網路的多向文本（hyper-text）特徵，一個文章寫出來，其他一個又一個的意見不斷的穿插到原文中，周而復始。在網路上的抓取、貼上雖是集大成，卻是非線性邏輯的展現。當我們運用網路久了之後，我們很多的表達方式就會漸漸習慣於跳躍的陳述。

(二)濫用象徵性符號來表情達意

我們在網站的聊天室當中，除了運用一些俏皮的表情符號之外，還可以加上小的圖樣，作為表情達意的方式。日子久了，人們也習於以圖像與文字交雜來表達意思。事實上在特殊教育領域所研究的閱讀障礙症當中，使用中文的人口有閱讀障礙的比較少，因為中文是圖像的文字。今天網路文體的熟練，讓我們的表達方式變得不同。以前我們很會寫情書，現代人打電話就好了。但是電話打久了之後，口說變成表達的主要方式，要他寫情書也就不會寫了。符號是讓我們表情

達意的，當你用的是不同範疇的符號，你的思考也可能產生改變。

㈢同音異字的混用與拼音化文字的流通

從現在學生在聯招或基測上的作答不難發現，同音異字的混用是普遍的。我們在用電子郵件、MSN談話的時候，為了要快，自然而然在一來一往之間對文字不加考慮，只要對方看得懂就好，日子久了就慢慢把同音異字混用上去。譬如說青菜、青菜，本來臺灣話應該是「隨便」，顯然是不同意義，但是網路人覺得可以看懂就好。現在一篇報告寫出來，裡面也有很多同音異字的混用。還有很多用拼音化文字，例如 by the way ＝ BTW，還有用ㄉ來取代「的」，see you ＝ c u，都是為了求快。這個情形久了以後，就有可能對於你的思考產生影響。

㈣簡約化語句結構影響到思考認知

英國社會學者 Basil Bernstein 曾做了很多語文結構的研究。在貧民區的人用的語言比較簡約、缺乏精緻化（elaboration）的鋪陳，自然而然對於思想也會有影響。事實上非洲一些國家因為受到基本語文結構的限制，不容易發展出成熟的文化。

可見語言對文化的影響。目前在網路上已經很難看到複合句，都是單純的單句。這種單句的經常使用，可能會使我們變成簡單的人，思考認知會受到影響。

(五)俚語化新詞的湧現，使得書寫文字的優雅性受到忽視

我們也運用了很多新詞，例如「劈腿」、「美眉」、「一狗票」、「嗆聲」等這一類的新詞，各位將來不妨考慮編一本新詞辭典。這些新詞的出現，使我們書寫文字的優雅性受到忽略。本來文字本身是講求典雅的，但是現在我們覺得只要文字達成表意功能，就不考慮它的優雅性。因此上網講求實用性的表達，忽略文學上的修辭技巧等，這種情形，我相信將來對於我們國民的文學素養確實會造成影響。或許另外一種新的文學：網路文學因此衍生。但不管怎麼說都是一個很大的改變。

六、網路時代的校園認同──制度面的探討

接下來從制度面來探討校園認同的問題。

㈠由單校學生身分到多校學生身分：聯合課程與聯合學位的興起

　　將來的網路會發展成多個大學的聯盟，在前幾年已經開始。例如 University of 21st 聯盟就是由新加坡大學、香港大學、北京大學等十八個研究型大學在一九九七年所成立的網路大學，由著名的媒體公司 Thompson Learning 所投資。這個聯盟開設的課程由各校最專精的教授集中在一起，假使你是註冊的學生，你就有機會接觸這個聯盟各校名師的課程，使得你無形中跟這些學校發生心理上的關聯。歐洲推動的 Erasmus 交流計畫，鼓勵學生於學期間到其他大學去就讀一段時間，並且熟悉兩三種以上的語言。這個計畫後來擴充，增加一個稱為「伊拉斯莫世界」（Erasmus world）的子計畫，提供給亞、非、拉丁美洲等非歐洲學生每月一千六百歐元的生活費，到歐洲的兩所大學去就讀。他們所拿的是聯合學位（joint degree），這些學生自然非對單一學校認同。將來你們參加繼續學習的終身教育課程，也有機會成為好幾個學校的學生，由於你的多重學生身分，你對校園的認同也會不同，因為將來的學生在單一校園的時間也會縮短。

(二)國際知名大學課程教材在網路上的開放

很多國際知名大學開始在網路上開放它們的課程，最有名的就是麻省理工學院（MIT），目前該校正在進行募款計畫，預備在十年之內把他們所開設的課程開放到網路上。一方面給外校學生研習，另方面相信對校內外老師會有很大的影響。假設我準備開網路心理學的課，我就可以上麻省理工學院網站看看，人家是怎麼上網路心理學的，這種知識開放的作法值得稱許。麻省理工學院網站目前是免費的，但有更多的網路大學是收費的。未來這些開放的網路課程，必然使得一個只在單一校園聽課的人感到索然無味。他必然會想上網路找尋其他大學的課程、甚至正式註冊網路大學的課程。

(三)知識的新游牧民族

時代已經慢慢走到一種知識的新游牧民族。記得以前在教研所上田培林老師課的時候，田老師常跟我們提到德國在二十世紀初的「遊鳥運動」，德國學生喜歡好幾個大學去遊學，例如心理學大師 Erik Erickson 在大學階段也是到過好幾個學校念書。現在「留」學已經不流行了，代興的是「遊」學。過去臺灣在英國留學的只有兩千多名留學生，現在則有

一萬多個，據我個人了解，有一部分是在遊學。遊學之外再加上網路課程的普及，校園的作用便越來越少，在校園停留就好像住旅館，只是住幾個月、幾個禮拜，校園的認同必然會受到淡化。

㈣校園將如客棧：終身教育普及化導致學生身分模糊化

今天常提到的終身學習觀念一旦普及化後，帶來最大的變化是學生組合的改變，也就是非傳統學生（non-traditional students）比例的增加。非傳統學生指的是二十五歲以上，通常離開學校起碼有三年以上的學生，甚至更多是已經退休或中年的學生。例如目前在美國大學的非傳統學生已經達到百分之三十五至四十之間。在台灣，我們相信慢慢也會朝向這個趨勢。非傳統學生不像一般搭升學直達車的學生全時在學校上課，他們通常是兼顧工作與課業，很多課程也配合現實在網路上修課，這個現象對校園的認同自然會有影響。

㈤ BBS 的開放性：交叉的校園認同

校園都有幾個大的 BBS，成為學生批評老師、八卦新聞等的集散地。但是最重要的是校園交叉認同的現象：師大的

BBS 並不一定是師大的學生在上，或許有更多外校的學生對我們某些系所的女同學有興趣而「慕名而來」。師大也有很多學生上台大的 BBS，這樣的跨校現象相當普遍。如果一位學生每天都上的是台大的網站，他會自然的認同在台大發生的事情，而不會認同師大。交叉的校園認同也因此產生。從制度面來看，校園的確是慢慢的被網路解構了。

七、虛擬校園裡的人際關係

> 昔者莊周夢為胡蝶，栩栩然胡蝶也，自喻適志與！
> 不知周也。俄然覺，則蘧蘧然周也。不知周之夢為
> 胡蝶與？胡蝶之夢為周與？周與胡蝶，則必有分矣。
> 此之謂物化。　　　　　　　——《莊子·齊物論》

　　過去莊周有一天夢為蝴蝶，感覺自己真的跟蝴蝶一樣，也沒想到自己還是莊周。忽然醒過來之後，卻發現自己還是莊周。這時候他就覺得很奇怪，到底是莊周在夢蝴蝶呢？還是蝴蝶在夢莊周呢？莊周跟蝴蝶自然有所不同，這就是物我一體吧。

(一)虛擬社群與線上遊戲：虛擬化身的真情感受

引用莊周的這一段話，是要說明電子裡頭的自我（cyber-self）。網路心理學談到虛擬化身的概念。假使一對夫婦各自上網找到他的情人，雖然沒有身體的接觸，也不曉得對方的真實身分，但是事實上你會慢慢像莊周與蝴蝶一樣，你的虛擬化身很可能變成你的真情流露。在網路上的虛擬自我，實際上也是你的一部分，生活在虛擬社群（virtual community）裡面，事實上也是真情感受。上網雖然是找刺激、解寂寞，也會慢慢把感情投入其中。我看過有些書討論網愛（cyber-sex），網上性愛與自慰有所不同，雙方仍然互相刺激產生高潮，看起來雖然是虛擬，但仍然有真情的感受。

(二)戴著面具的角色扮演：匿名性與去約束性

為什麼上網會有這種情形呢？我們知道網路上的社群也是社會學上的社群（communities），彼此之間有所互動聯繫而產生影響。網路上最重要的特性就是匿名性（anonymity），我們用自己的暱稱、假名來上網，因為別人不了解自己是誰，你也覺得自己戴著面具，所以較無顧忌。在歐洲的葡萄成熟時節，通常會舉辦一些狂歡舞會，民眾會化妝、戴上假面具，

行為也就較放肆，把本性表露出來，因為沒有人認得你。我們常看到很多日本的買春團到東南亞去，最主要的理由就是他到了一個異鄉，沒有人認得他們，較敢打破禁忌。在網路上我們正做著角色扮演、戴著面具，讓我們的夢想在網路中成真。在網路中，胖子可以變成窈窕的女郎、老頭子可以變成年輕的小夥子、想追到白人女孩的黑人，就以白種人自居到網路上跟對象談戀愛、一位男性可以在網路上成為女性、一位殘障在網路上和一般正常人無異，甚至幻想為健美的男子。當年要是有網路的話，浮士德就根本不用拿他的靈魂跟魔鬼交換了，因為只要上網，就可以獲得他要的青春。人們因為匿名性的掩護在網路上是公平的、自由的，當然也常有「博愛」的交誼。網路上不會以貌取人，除非後來跟人約會見面露出破綻。

我們會發現，平常越沉默寡言、不喜交際的人，可能在網路上反而如魚得水。因為他依靠文本為基礎的溝通（text-based communication），不需要拋頭露面，也不必伶牙俐齒，從這裡可以看出網路的一個特徵。《紐約客》（*New Yorker*）雜誌上有一個著名的漫畫，有一條狗在電腦前面上網，旁白說「沒有人知道我是一條狗」。還有一個笑話是說，一個企業家上網找他的電子情人，經過一段纏綿歲月後突然發現，原來那位電子情人就是自己在中學念書的男孩子（也是匿名的角色扮演）。這些顯示同床異夢的人到了網路上，有可能

冤家路窄的碰面，而且在不知情的狀況下重溫舊夢；個性怪異的，可能在網路上變得很溫馨體貼。在網路虛擬化妝下，很多在現實世界不可能的事也會發生。

(三)從逢場作戲到自我表露：虛擬的情欲世界

　　網路上也是去約束性的（disinhibition），網上聊天像是在房間裡的兩個人獨處，沒有第三者的存在。開始的時候或許會以逢場作戲的態度，但是有時候會慢慢改變態度，對萍水相逢的陌生人視為知己，不知不覺坦誠相見，相互的表露自我。就像有些人在火車上，對一個鄰座的乘客談得很投緣，把所有的秘密都坦承出來，此種情形在網路上更是常見。跟素昧平生的人，就把自己的心都掏出來給他看。

(四)逃避現實的網路依附：網路上癮症候群

　　另外一點就是網路使用久了，會逐漸出現逃避現實的網路依附（web attachment）。心理學家指出，幼兒期常出現對母親依附（maternal attachment），孩子要是在早期（特別是三歲前）失去母愛照顧，可能會對人格發展有負面的影響。其實，每一個生活階段都會出現某種依附現象。現在很多年輕朋友卻是依附在網路上過活。沒有網路，簡直不曉得如何

打發時間，甚至有憂鬱症候群，很多的網路上癮症候群，會有這樣的症狀：

第一個是減少與家人、朋友的接觸，其次是離線後的孤寂與苦悶。今天很多大學生半夜起來上洗手間之後，馬上回來上網查個電子郵件、MSN之類，但是他離線後更感覺到寂寞苦悶。再者是可能發生的關係挫折，上網固然是互相的滿足，但是你跟他談得開心的時候，他突然離線了，你不免會有種失落感。甚至也可能會有受騙的失落感，你不經意的洩漏自己真實的情況，往往使他人感到失落。還有耽誤學業與日常工作，上癮症的人對於學業會慢慢顧不到。現在學校裡上早上第一二節的老師實在是越來越辛苦，學生睡眼惺忪地來課堂，跟他們半夜上網有關係。打亂生活起居作息，出現生理症狀；心神煩躁、眼痠頭疼、睡眠不足、注意力分散，另外對社會傳統價值的懷疑與顛覆也是常見的情況。

㈤道德規範意識的弱化

另一個重大問題是道德規範意識的弱化。大陸曾經有一位學者李萍做過調查，有百分之三十一·四的青少年不認為網路上說謊是不道德的，百分之二十四·九的人認為在網路上做什麼都可以，可以無所顧忌。事實上，有很多的相關研究都證明，很多人上網跟陌生人聊天，常是抱著遊戲人間的

態度，說謊成為常態，不會有歉疚感，至於媒體常報導的網路詐欺，更是猖獗，成為嚴重的社會問題。

八、結語：非校園化的校園文化

我們感覺到現今正處在一個校園文化變質變調的時代，傳統校園的特質逐漸模糊化。

(一)文化全球化帶來的校園文化衝擊

第一個是全球化的直接結果，全球化從經貿開始，打破關卡限制，貨暢其流，世界各地都可以買到各類名牌商品；接著是文化的全球化。人們旅遊各地，所看的電視節目、吃的食物、住的旅館、坐的遊覽車，很多方面都慢慢一致了。文化全球化同樣帶給校園文化衝擊，使得不同地區的校園文化越來越同質，大學校園越來越不像校園。

(二)網路犯罪污染校園倫理

這方面報紙也寫了很多，包括教唆自殺、教你怎麼減肥（厭食少女班）、製作爆裂物、製造偽鈔等等。要學什麼，

在網路上都可以找到線路。在網路上的人似乎都好為人師，有網友提出一個問題，很多人立刻熱烈回應，跟你分享他們的經驗。網路在無防護下成為很多種犯罪的溫床。

(三)研究報告一大抄：剽竊與拼湊的問題

衍生到學校裡的其中一個問題就是：學校老師看到學生的報告寫得越來越多姿多采，如果疏於去探查的話，就難以發現有些期末報告是拼湊而來的，甚至是抄襲的。學生要寫報告，取材越來越容易，貼貼剪剪就洋洋大觀，但是老師要發現抄襲證據卻不見得很容易。未來的學業評量因網路資料站的擴充受到很大的挑戰。很多的研究論文審查也是存在這樣的困惑。

(四)網路八卦與情緒宣泄的漫談

網路上的八卦很多是不應該出現在新聞上的新聞，甚至是妨礙他人名譽。剛剛舉例的那位東海大學研究生便是一個案例。或者網路上的謠言（如有蟲的衛生棉），或是宣泄性的謾罵。前些時候政大有位老師因開車按學生喇叭被罵粗話，後來學校記了學生兩個小過，這位學生心有不甘，上網站罵老師，老師也是上網高手，看到後追究再記學生一個大過。

如果打開 BBS，說不定今天就會出現「郭某某勇氣可嘉，竟然敢講網路這個大題目」之類的意見。我感覺到網路在這個方面是不太負責的一個傳播管道。另外還有一點就是安全問題，報載連大考中心都可以被駭客開後門進去。很多網路上的資訊常常被詐欺集團使用，大學生變成人頭帳戶。或是警察釣魚上鉤，今年愚人節時台大學生竟製造大陸飛彈打過來的新聞，這些都對我們的生活造成很大的影響。網路的確逐漸變成難以約束的空間。

㈤遊戲人間的數位時代人生觀

但是最讓我們憂心的還是遊戲人間的數位時代人生觀。網路上大家互相的遊戲人間，不僅是寬頻上網、無線上網，甚至是行動的手機上網，帶來無線的聊天室，甚至助長援交的風氣，使得男女關係蛻變。很多年輕人在網路上有樣學樣，自然而然導致惡言威脅、公布隱私這方面的事情常常發生。這些網路的價值觀，也讓我們生活的價值觀受到污染，這的確是社會隱憂。過去的校園文化有一個規範在，但是在網路上的規範卻難有管制力量。

㈥網路安全教育與校園再造

　　最後提到網路安全教育與校園再造的問題。其實網路的安全，有人建議設置網路警察。事實上警政署也在網路上釣魚並埋伏眼線調查犯罪，但是像是網路自殺等的現象，要靠網路警察或網路內容分級，不容易做得通。網路心靈的重建也許該倡導，例如各大學的學務處，或許要開始注意到網路方面的問題並謀因應之道，未來網路的安全教育尤其重要。

　　最後，資訊管理當局或許可儘量鼓勵網路使用者，能夠以真實的身分辦理登記。網路的匿名化無形中讓很多問題產生，我想這在某些條件下可以做一些要求。傳統的校園特質慢慢消失，但是未來能不能重建一個網路時代的校園，讓校園仍然保持教育的特性，這是當前大學教育上很重要的課題。也就是說，網路中存在一個不可見的校園，這個虛擬校園有待教育者用心去經營它，多從積極面來發揮網路功能。網路雖然多是談一些不入流的主題，但也可以去討論有意義的話題。因此校園的再造，仍然可以積極開發網路的正面節目，以良幣驅劣幣。這是未來整個校園經營的嚴肅課題。

　　今天所提的題材主要為拋磚引玉，我覺得網路是這麼重要，但是以前學教育的不曾把網路當作是教育上很重要的課程主題來討論。希望各位在批評指教之外，有興趣共襄盛舉，

一起投入網路問題的探討，特別是調查研究，也期待有關系
所研究生以網路心理及教育課題為學位論文題目，開展這一
主題領域的研究風氣。

　　（本演講實錄係由國立臺灣師範大學教育學系博士候選
人陳鏗任同學整理）

6

課程研究——回顧到展望

✍黃光雄

國立中正大學榮譽教授

吳鳳技術學院講座教授

　　本文的主題是課程研究的回顧到展望，回顧的是美國課程研究從十九世紀後期到一九七〇年代；而展望的是台灣未來課程研究的可能走向。希望能夠藉由「他山之石」——美國課程研究的經驗，有助於台灣課程研究的發展。

一、美國課程研究的回顧

　　美國早期的課程是承續歐陸傳統，強調古典課程。在十九世紀的年代，官能心理學的發展，提供了古典課程的立論基礎。官能心理學的假定是古典課程有助於兒童的心智訓練。例如，拉丁語文的學習有助於心智官能的開發，特別是心智訓練。心智訓練的觀點在這一時期佔據了課程領域的主宰地位，尤其是一八六〇到一八九〇年（Pinar et al., 1995: 73）。

(一) Spencer 和 Herbart

　　在十九世紀的後期，歐陸有兩種學說深刻的影響美國的課程理論：一是 H. Spencer（1820-1903）的課程理論；一是 J. F. Herbart（1776-1841）及其學派的課程理論。前者側重的是人類生活活動分類的觀點；後者則是課程統整的觀點。

• Spencer 的課程研究

Spencer影響課程研究最大的，是一篇在一八五九年發表的論文〈什麼知識最具價值？〉（What knowledge is of most worth？）。Spencer認為教育的目的是為未來完整的生活做預備，因此是成人中心的。他將人類生活的活動依其重要性分為五類（Spencer, 1911: 124-125）：

*1.*直接有助於自我保全的活動；

*2.*生活必需品的獲得，而間接有助於自我保全的活動；

*3.*養育子女的活動；

*4.*維持正常的社會和政治關係的活動；

*5.*在生活的閒暇時間用以滿足愛好和感情的各種活動。

Spencer認為這些活動的學習必須仰賴科學，所以，科學是最具價值的知識。

D. Hamilton 認為 Spencer 有三項影響：一是 Spencer 之後產生一種觀念，即課程代表著現有知識的選擇；二是課程是依現世的目的，而非由超乎世俗的目的所決定；三是透過課程的建構和傳遞，能夠促進社會的進步（Hamilton, 1990: 38）。

事實上，Spencer 的課程理論深刻影響了二十世紀初葉 F. Bobbitt 和 W. W. Charters 的課程研究。

·Herbart 的課程觀點

1. 統覺（apperception）——Herbart 認為統覺係通過與舊觀念建立關係，而吸收新觀念的過程，亦即心靈在已有的知識基礎上，理解新知識。因此，他強調教師的教學須善用兒童的統覺團（apperceptive mass），讓兒童學習新材料。

2. 統合（concentration）和關聯（correlation）——統合的原則指將某一學科，如歷史或文學，置於課程的中心地位。關聯的原則指各個科目之間應該有所聯繫。Herbart 認為統合和關聯的作用在於促進課程的聯合（Pinar et al., 1995: 79）。

3. 四個教學步驟——Herbart 認為教學要遵守四個步驟（Herbart, 1892:126）。

   (1)清楚（clearness）：這是靜止狀態的專心（concentration）活動，只要是純正而明確的話，即能夠看「清楚」各個事物。

   (2)聯合（association）：這是運動狀態的專心活動。其呈現方式是從一個專心活動進展到另一個專心活動，而「聯合」起來。

   (3)系統（system）：這是靜止狀態的反思（reflection）活動。這種活動能看見許多事物的關係；能看見每個特

定事物在關係中的正確位置。豐富的反思活動產生的最佳事物秩序稱為「系統」。

(4)方法（method）：這是運動狀態的反思活動。反思的進展是「方法」。方法貫穿系統之中，產生系統的新成分，並在其應用中注意著結果。

Herbart一八四一年去世，其學生Tuiskon Ziller（1812-1882）在耶拿（Jena）大學設立一所學校，研究和應用Herbart的學說，並做出三項貢獻，而成為Herbart運動的三項特徵（Dunkel, 1970: 212）：五段教學法（即分析、綜合、聯合、系統、方法）、中心統合法（concentration centers）和文化史階段論（cultural epochs）。中心統合法指課程圍繞著一個主題而組織；文化史階段論指兒童的個體發展乃是人類發展基本階段的複演，亦即個體的發展重複了整個物種的進化史。

Herbart的四個教學步驟，Ziller將Herbart「清楚」分為「分析」和「綜合」，而形成五段教學法。Wilheim Rein（1847-1929）再將這五個步驟改稱為：準備、呈現、聯合、綜合、應用（DeGarmo, 1895: 130）。

1. 準備（preparation）：教師喚起學生注意先前習得的經驗。

2. 呈現（presentation）：概述新的材料。

3. 聯合（association）：新材料與已學的知識進行比較。

4. 綜合（generalization）：從新的材料中導出規則或原理。

5. 應用（application）：學得的規則或原理應用於具體的事

例。

十九世紀後期，許多美國教師前往德國研習Herbart的學說，而耶拿大學裡的學校乃是他們嚮往的主要場所。他們返回美國後，成了Herbart-Ziller-Rein學說的忠實實踐者。當中，C. DeGarmo（1849-1934）最具影響力。DeGarmo 透過發表著作，尤其是《赫爾巴特與赫爾巴特主義者》（*Herbart and Her-bartians*, 1895），將 Herbart 等人的學說引進美國的教育專業領域。尤其將教育專業人士的注意力集中在課程設計的技術或方法（Squel, 1966: 40）。

Pinar 等人（1995: 83），認為 Herbart 學派對於當代課程研究的意義，在於他們在教育理論中提升了課程的概念。他們提出的中心統合法及關聯原則，仍然維持在跨學科或課程統整的觀念中。而文化史階段論的觀點提示了一種主題關聯的理念。

㈡邁向兒童中心教育──Francis Wayland Parker

Parker（1837-1902）是美國兒童中心教育的先驅。他在小學任教，獲得一些實務經驗之後，毅然前往德國，在柏林的威廉王（King William）大學研究教育理論。在德國兩年半的期間，除了在大學修習心理學、哲學、歷史和教育學，亦訪問了多所進步學校。

　　Parker一八七五年返抵美國，被任命為Boston近郊Quincy
地區的學校督學。他要求學校放棄成套的課程；要求師生學
習思考和觀察；強調引發學生興趣且具體的事物，以及具有
價值的經驗；鼓勵兒童查考雜誌、補充讀物及報紙。Quincy
的學校在革新之後，減少了人為的生活，而增添了真實的生
活。Parker將Quincy的學校從知識的工廠改成為教育的社區。

　　Parker 認為每個學校應當構成一個理想的社區，學生能
在其中，以其最佳及最充分的能力，鼓勵其發揮自由公民的
功能。因此，他說：「一所學校應該是一個模範的家庭，完
美的社區，以及雛形的民主政體」（Parker, 1894: 450）。

　　Parker通常以下列的方式，闡述他的哲學：

　　……Quincy 的制度並非細節固定的方法，而是將教
　　學藝術表現成世界上最偉大的藝術；因為它是最偉
　　大的藝術，所以要求兩件事情：首先是真誠的研究
　　在學生心靈中及所教的科目中，去發現真理；第二
　　是勇敢的應用所發現的真理。（Parker, 1894: 17）

　　Parker有兩本重要的著作，即《教學談話的筆記》（*Notes
of Talks on Teaching*, 1891）及《有關教育學的談話》（*Talks on
Pedagogics*, 1894）。這兩本著作即是 Parker 在 Quincy 實驗的
理論總結。

　　一八八三年，Parker 接任芝加哥 Cook County 師範學校校長的職務。這所師範學校有實習小學及幼兒園，以供教育實習之用。Parker 在這段期間的教育理念更為成熟，以演說及寫作倡導一個理念，即兒童在具有豐富經驗的非正式學習情境中，成長得最好。

　　在芝加哥，Parker 與其同事形成了「統合」（concentration）和「教材統一」（unification of subject matters）。Parker 自認其課程理論中，強調「統合」，乃得益於 Herbart 的「關聯」和「統合」的原理（Parker, 1894: iii）。Parker 統合理論的圖解如下：

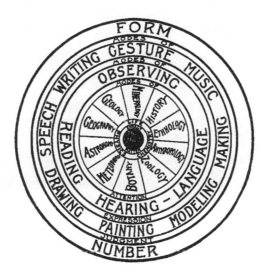

🐦 圖一　Parker 統合理論圖

　　圖的中心是兒童的生活，含「身、心、靈」三種本質。第二圈是兒童生活的環境，由十個中心科目——歷史學、人種學、人類學、動物學、植物學、氣象學、天文學、地理學、地質學及礦物學——圍繞而成。第三圈是確認兒童所具有且學校所要訓練的專注模式，由觀察、閱讀及傾聽語言組成。第四圈是確認八種表達模式，即姿態、音樂、製作、模型製作、繪畫、製圖、說話、書寫等，這些是自然及習得的行為。最外圈是確認判斷的模式，形與數，這兩項遍布兒童的生活（Stone, 2001: 6）。

　　Stone（2001: 7）依據 Parker 的著作，將其新的學習理論歸納為五項：

　　1. 兒童透過經驗或行動而學習；

　　2. 整個兒童「身、心、靈」的三種本質都須加以教育；

　　3. 在學習過程中，情意表達是重要因素；

　　4. 學習數目、語言和閱讀需要一種整體的過程；

　　5. 兒童透過專注和觀察而學習。

　　由於 Parker 的教育貢獻，J. Dewey 在一九三〇年的一篇文章〈新學校有多少自由〉（How much freedom in new school）中，尊稱 Parker 為「進步教育運動之父」。

　　Connell（1980: 122）認為 Parker 的貢獻有四：

　　1. 兒童應是學校工作的中心，學校工作圍繞此一中心而規畫；

2.兒童應在溫馨的社區氛圍中發展，兒童在此中培養民主素養，並經常且共同努力；

3.學校課程應盡可能源自實際活動；

4.透過藝術、文學及體育運動等，以鼓勵兒童的情意表達和工作。

(三)芝加哥大學實驗學校──John Dewey

Dewey（1859-1952）一八九四年應芝加哥大學校長 William R. Harper 之邀，擔任哲學、心理學及教育學系主任。一八九六年創設芝加哥大學實驗學校，一九〇三年因為學校管理問題而停辦，Dewey 離開芝加哥大學，而赴哥倫比亞大學任教。Dewey 一九五二年去世，《紐約時報》（*The New York Times*）刊載消息，宣稱「進步教育之父」逝世。

Dewey 在一份〈大學初等學校組織的規畫〉（Plan of organization of the university primary school, 1895？）中，一開始就提出：「一切教育的最終問題是心理和社會因素的協調……這種協調要求兒童能表現自己，但須以實現社會目的的方式表現」。

一八九六年十月三十一日，Dewey 在「教育學俱樂部」（the Pedagogical Club）發表〈大學裡的小學〉（The university school）的講話，說明實驗學校具有兩項目的：一是提出、試

驗、驗證及批判理論的陳述和原理；一是在其特別的專業領
域中，增加事實和原理的總量。這是 Dewey 的哲學重點轉向
人類實際事務的體現。他曾宣稱：哲學是教育的一般理論，
而教育是各種哲學觀點具體化並受到檢驗的實驗室。

　　Dewey 認為課程規畫的理想背景，需要注意兩個重要原
則：第一，在所有的教育關係中，出發點是兒童行動的衝動，
他渴望回應周遭刺激，並以具體的形式尋求其表達。第二，
教育的過程在於提供各種材料，以及各種積極和消極的條件，
俾使他受到理智控制的表達方式採取一種正常的方向，亦即
在形式和感情方面都具有社會性質（王承緒等譯，1991：17；
Mayhew & Edwards, 1936: 23）。

　　Dewey 認為兒童個體的傾向和活動，只有透過它們在合
作生活的實際過程中，才能加以組織和發揮作用。因此，問
題在於如何利用兒童的傾向、原始衝動，以其成長中的能力
和技能表現他自己，俾協助他以其正在增進的效能，貢獻其
團體的生活（Mayhew & Edwards, 1936: 39-40）。為了方便起
見，Dewey將這些天生的衝動粗分為四種（Dewey, 1900: 41；
Mayhew & Edward, 1936: 40-41）：

　　1. 社會的衝動（social impulse）——談話或溝通的興趣；

　　2. 建構的衝動（constructive impulse）——製造的興趣；

　　3. 探究和實驗的衝動（the impulse to investigate and experi-
　　　ment）——質疑或探究事物的興趣；

4. 表達情意的衝動（expressive impulse）──藝術表達的興趣。

在 Dewey 的學校裡面，「作業」（occupation）是一個核心概念，係指兒童的一種活動形式，而三種活動是最常被提及的：烹飪、縫紉及木工等作業。

烹飪探討簡單而基本的化學事實和原理，以及研究植物製品的自然通道。同樣地，材料和過程的研究要與縫紉一同進行，並且包括研究發明史、地理（生產與製造的地方，以及分布的路線），以及植物的生長和栽培（諸如提供原料的棉花和亞麻）。木工經常需要計算，兒童在相關的方式掌握了數字的過程或方法，因而培養了真正的數字意識（Mayhew & Edwards, 1936: 27-28）。

Wirth（1966）在其著作《杜威即教育家：其教育工作的設計（1894-1904）》（*John Dewey as educator：His design for work in education, 1894-1904*）中，闡述了 Dewey「作業」的教學角色：

1. 作業提供機會，將學校的學習活動連結到兒童的校外經驗；

2. 兒童發展的第一階段主要是「動作－表現活動」，作業提供兒童運用四種衝動的通道；

3. 作業也影響兒童對於學校學習活動的態度；

4. 作業只有當其成為獲得一種深刻的教育經驗的手段時，

才具有教育的正當理由（Wirth, 1966: 131-133）。

Dewey 學校的課程中，作業提供了維持理論與具體事物間互動的手段；不過，全部的課程乃須由與各種作業相平行的三方面的理智活動而組成，即歷史或間接社會學的研究；自然科學；溝通及表現（諸如語文、數學、藝術）。

Dewey 的教育觀點，一方面是兒童中心的，另一方面是社會中心的。雖然 Dewey 曾說過：「我們在教育上引起的改變是重心的轉移，在這裡兒童是太陽……兒童是中心」（Deway, 1900: 32）。不過，Dewey 的實驗學校終究還是將「教育的社會層面」放在第一位（Mayhew & Edwards, 1936: 467）。

一九〇四年初期，芝加哥大學當局告知 Dewey，其夫人的杜威學校校長職位到年底終止。不久，Dewey 即辭職。依據 Dewey 女兒的說法，真正的理由是 Harper 校長對 Dewey 學校的冷淡與鄙視。Dewey 的辭職在一九〇五年一月一日生效，但是 Dewey 與學校的聯繫在一九〇四年春季結束時即告終止（DePencier, 1967: 49）。

㈣進步教育協會

在一八九〇年代景氣蕭條結束和第一次世界大戰終結之間，美國經歷了「進步年代」（progressive era），一個社會變遷與政治動亂的時期。為了回應工業化、都市化、種族緊

張及移民潮等種種壓力，美國社會開始眾多方面的改革運動，這些改革運動綜合起來，為其後半世紀公共政策的論辯定了條件（Gould, 1974: 1）。

・進步教育協會的成立

雖然「進步教育協會」（Progressive Education Association）在一九一九年成立，但是Pinar認為，進步教育早在一八七○年代Parker在麻州的Quincy就已經開始了（Pinar et al., 1995: 103）。而參與協會創立的Cobb也說，一九一九年進步教育協會設立時，新教育已經誕生二十年了（Graham, 1967: 21）。

一九一九年 Marietta Johnson（1864-1938）和 Stanwood Cobb（1881-1919）等人共同創立「進步教育協會」，當時擔任俄亥俄州Dayton的Morrain Park School校長Arthur E. Morgan擔任第一任會長，並邀請 Charles W. Eliot（1834-1926）擔任榮譽會長（Kliebard, 2004: 159）。

一九二○年，麻州Chestnut Hill的Beaver Day School校長Eugene Randolph Smith 負責領導為協會草擬一份宣言，作為該協會的中心信念。進步教育協會的宣言包括七項原則（Graham, 1967: 29-30）：

1. 自然地發展的自由；

2. 興趣，一切工作的動機；

3.教師是嚮導，而不是監工；

4.學生身心發展的科學研究；

5.所有影響兒童身體發展的因素，須加強注意；

6.學校與家庭合作，以迎合兒童生活的需求；

7.進步學校應承擔教育運動的領導者。

「進步教育」的界定眾說紛云，不過，在一九二〇年代及一九三〇年代，對於進步學校的定義，仍有某種程度的一致看法（Zilversmit, 1993）：

1.一所進步學校係遵從兒童中心課程，而非教材中心課程，係一所促動兒童天生欲望而學習的學校。

2.一所關注「整個兒童」需求的學校；一所促進兒童情緒及身體需求，並且促進其心智發展的學校。

3.一所進步學校乃是一所兒童在決定其教育內容方面，扮演積極角色的學校。

•「八年研究」

進步教育協會在一九三三年設立「學校與學院關係委員會」（the Commission on the Relation of School and College），由 Wilford Aikin（1882-1965）領導，進行有關中學課程改革的「八年研究」。

美國的中學課程深受學院入學規定的制約，而顯得相當的一致性。「八年研究」希望透過學院的同意，中學可以不

按學院通常的入學要求，自行決定學科的開設和學習的分量，以探討這類學生在學院學習的表現。

　　該委員會的指導委員會挑選三十所（實際上，當中一所學校退出實驗，計為二十九所）具有代表性的中學，從一九三三年秋季開始進行新的教學計畫。每個中學制訂自己的計畫，決定自己的課程、組織及程序。指導委員會必須謹慎地防衛每所中學的獨立和自主（Aikin, 1942: 15）。

　　此項研究進行八年，「大學追蹤研究單位」（the College Follow-up Staff）在比較實驗組與比較組一千四百七十五對學生的過程中，發現這三十（二十九）所中學畢業生的表現，在十八項研究結果中，不論在認知或情意上，實驗組（三十所中學畢業生）除在四個項目外，均較比較組有較佳的表現（Aikin, 1942: 111-112）。

　　整個而言，這三十（二十九）所中學畢業生，無論是用大學標準、用學生同年者、用個別學生等來評判，均較比較組表現稍佳。

　　「大學追蹤研究單位」對於這些事實做了如下的評論：

……如果大學想要招收具有健全的學識且充滿活力的興趣，發展有效且客觀的思維習慣，對其同學維持健康有益的方向等的學生，則大學要鼓勵中學已經證明明顯的趨向，擺脫傾向於禁止從傳統課程模

式違反或背離的大限制。（Aikin, 1942: 113）

整個研究完成後，在一九四二年發表《美國教育的冒險》（*Adventure in American education*）五冊。因逢大戰期間，未能引起注目。

Frederick L. Redefer 在進行「八年研究」時，擔任進步教育協會執行委員會的主管，他在一九五〇年《進步教育》期刊（*Progressive Education*）上發表〈八年研究——八年之後〉（The Eight Years Study-After eight years）一文。文中提到參加「八年研究」的成員在一九五〇年的會議中同意：「八年研究」最重要的遺產是合作的工作方法（Brown & Finn, 1988: 297）；「八年研究」是具有價值的；今日仍然需要某種類似全國性的嘗試。但是，與會人士沒人建議，在第二次「八年研究」時，該朝什麼方向或依據什麼原理；也沒人試圖回答怎樣的教育實驗適於這種混亂的複雜世界（Brown & Finn, 1988: 299）。

總的來說，「八年研究」是很值得探討的，是研究的一個豐富寶庫。Redefer 建議在基金會、委員會或個人投入大量時間，以改進教育之前；在機構宣揚其新實驗之前；教師在原子時代，組織一個新的全國性委員會，以鼓勵規畫教育之前，如果嘗試的努力要有持久的效果，則探究這種嘗試須考慮哪些因素，顯然是需要的。最好面對反對的原因，理解有什麼障礙，以及克服這些障礙的方式（Brown & Finn, 1988:

300）。

「八年研究」對於這類研究的開始，能夠提供某些極好的材料。

・社會重建的教育觀點——George S. Counts

進步教育雖以 Dewey 的教育哲學作為其理論指導，但大多數的進步學校在兒童中心的教育理論方面積極發展，而相對忽略了社會中心的層面。

Counts（1889-1974）是社會重建主義（social reconstructionism）的倡導者。他一九三二年在全國性的教育會議發表了三篇論文，分別是〈進步教育敢於進步？〉（Dare progressive education be progressive?）、〈透過灌輸的教育〉（Education through indoctrination）、〈自由、文化、社會規畫與領導〉（Freedom, culture, social planning, and leadership）。第一篇是在Baltimore的進步教育協會上發表的。這三篇論文合成一本小冊子，在一九三二年出版，訂名為《學校敢於建構一個新的社會秩序嗎？》（*Dare the school build a new social order?*）。

Counts 在進步教育協會發表的文章中，首先認為進步學校將焦點放在兒童身上。他們認為學習者的興趣是最為重要的；他們認為活動擺在一切真正教育的根本；他們從生活情境及品格發展去理解學習；他們維護兒童的權利，視其為一

種自由的人格（Counts, 1932: 5-6）。Counts 認為這些理念是
相當卓越的。不過，根據他的判斷，這樣的理念還是不夠的，
窄化了教育意義的概念，如同只是將一半的景致繪入一幅畫
中。

　　他主張一種教育運動稱其自己為進步的，則這種運動必
須要有定向，它必須具有方向。「進步的」（progressive）這
個字本身含有「向前移動」的意思，而「向前移動」如果缺
乏清楚界定的目的，則少具意義（Counts, 1932: 6）。

　　Counts 指出：「進步教育最大的弱點在於沒有詳細闡述
社會福利理論這一事實」（Counts, 1932: 7）。認為進步教育
如果要成為真正進步的，必須從中上階層的影響中解放出來，
公正並勇敢地面對每一個社會議題，認真處理生活中一切真
正的實在事物，與社區建立有機的關係，發展一種現實與廣
泛的福利理論，改變一種對於人類命運的令人信服且有挑戰
性的看法，並且對於令人困惑的「強迫接受或強施」（impo-
sition）及「灌輸」（indoctrination），感到較少驚恐（Counts,
1932: 9-10）。

　　他分析美國教育制度之後，建議一種教育方案，以促進
集體的民主主義。這一方案包括五項重點（Gutek, 1970:
185）：

　　1. 依據文化傳統的教育方案；

　　2. 依據正在浮現的民主集體主義，重建傳統；

3.將民主的集體主義審慎的強施在學校之中；

4.強調社會知識的課程設計；

5.一種開闊和豐富的師資培育及組織的方案。

　　Counts 認為要維護及發展民主價值，知識的選擇和組織必須依照民主集體主義的規準。他建議的社會知識的教育方案，其主要領域有七（Gutek, 1970: 186-187）：

1.人類本性和歷史；

2.美國民主制度的歷史；

3.工業社會的興起；

4.當前美國社會的結構；

5.社會觀念、哲學及方案；

6.傳播的機構和方法；

7.美國民主制度的目的和潛能。

　　Counts 相信普通教育的方案，基本上是在維護自由制度和民主過程。因此，普通教育要提供學生在社會態度、素質及能力等方面的基本訓練，俾促進正在浮現的集體主義。

· 進步教育協會的解散

　　Graham認為導致進步教育協會的結束，是由內、外因素造成的。他在其著作的結論中指出七點造成協會衰退的原因：反對並攻擊傳統課程、重要問題的冷淡、領導者的孤立、哲學觀點的不一、應用的問題、社會階級的偏見及其他教育機

構的競爭（Graham, 1967: 149-163）。

　　一九五五年六月二十五日，進步教育協會在伊利諾州Ur-bana 的會議上，正式宣布解散。一個月後，會員簽署會議的決議時，僅有六名投下反對票（Graham, 1967: 143）。

(五)追求社會效率的課程設計

・Frederick Winslow Taylor 的科學管理

　　Taylor（1856-1915）在一九一一年發表《科學管理的原理》（*The principles of scientific management*），書中認為整個國家的人民每日的作為都因缺乏效率而受害，而補救這種無效率的關鍵在於科學管理。他認為最佳的管理是真正的科學，係建立在明確界定的法則、規則及原則的基礎上。只要這些原理正確地應用，即能產生效果。他尤其建議工廠採用他的科學管理方法，必能符合經濟原則，創造雇主與工人之間的雙贏。

　　Taylor（1998: 61）提出科學管理的五個步驟：

1. 比如找出十或十五位不同背景的工人（不同機關、不同地區），他們對於所要分析的特殊工作特別靈巧。

2. 研究每位靈巧工人從事其工作的基本操作或動作的精確系列，以及每人所使用的工具。

3. 使用馬錶，研究完成這些基本動作所需時間，然後選擇

完成每個工作要素的最快方法。

4. 去除所有錯誤的動作、緩慢的動作，以及無用的動作。

5. 除去所有不需要的動作之後，將最快及最好的動作，以及最好的工具聚集起來，成為一個系列。

Taylor 講求精確、效率及經濟的科學管理方式，相當程度的影響 Bobbitt（1876-1959）及 Chartes（1875-1952）的課程研究。

‧Franklin Bobbitt 的科學的課程編製

Bobbitt 在二十世紀初期發表兩本重要著作：一本是一九一八年的《課程》（*The curriculum*），另一本是一九二四年的《課程的編製方法》（*How to make a curriculum*）。前者是教育史上第一本以「curriculum」為名的專門著作。

Bobbitt（1918: 41）認為科學時代要求精確與詳細的特點。目前，為了每個重要的教育層面，已經發展了科學方法的技術。實驗室及實驗學校刻在發現正確的方法，以測量及評估不同類型的教育歷程。

課程的中心理論實屬簡單。人類生活儘管如何不同，都包括特定活動的完成。未來生活的教育乃是明確地、適當地為這些特定活動而預備的教育。對於任何社會階級而言，不管這些特定活動的數量多大及差異多大，它們仍然可以發現的。這只需要進入人類事務的世界，並發現這些事務所含的

細節即可。這些細節細目將指出人們所需要的能力、態度、習慣、欣賞及知識形式。這些細節細目亦將成為課程的具體目標。它們將是眾多的、明確的及詳細的。因此，課程將是兒童和青年藉由達成這些具體目標而學得的系列經驗（Bobbitt, 1918: 42）。

Bobbitt 堅持效能、效率及經濟乃是課程設計的重要概念。他的中心原則乃是直接並明確地預備學生學習成人世界的各種任務。課程編製者的工作即在研究成人世界，以確定其所包含的重要任務或活動（Pinar et al., 1995: 97）。

在《課程的編製方法》中，Bobbitt 指出他運用「活動分析」（activity-analysis），將人類廣泛的經驗分成若干主要的領域。這些主要的領域即是他所分類的目標：

1. 語言活動——社會的相互溝通；
2. 健康活動——維持身體的效率；
3. 公民活動——效率的公民；
4. 一般社會活動（集會、交際）——一般的社會接觸與關係；
5. 餘暇活動、娛樂、消遣——休閒消遣；
6. 保持本身心理健康的活動——一般心理效率；
7. 宗教活動——宗教態度與活動；
8. 親職活動、養育子女，維持正常的家庭生活——親職責任；

9. 非專門的或非職業的活動──非專門的實際活動；

10. 職業工作──職業活動。

以上十種，左邊為活動的主要領域（Bobbitt, 1924: 8-9），右邊為具體目標，這十項目標又細分成八百二十一項細目（第十項目標未分析）（Bobbitt, 1924: 11-29）。

Bobbitt（1924）認為課程設計包括五個步驟：

1. 分析人類經驗──將廣泛的人類經驗分成若干主要領域。

2. 工作分析──將這些領域分解成更具體的活動。

3. 導出目標──從陳述完成這些活動所需要的能力，導出具體的教育目標。

4. 選擇目標──從目標細目中，選擇在規畫學生活動時可做為基礎的目標。

5. 詳細計畫──安排包含在達成目標的各種活動、經驗及時機。安排每一年齡或年級的兒童逐日活動的細目。這些細目的活動即構成課程。

・ **Ralph W. Tyler 的課程目標模式**

目標模式的課程設計雖由 Tyler 創立，但在他以前，Bobbitt 已有依據目標發展課程的觀念。Bobbitt（1918）認為人類的生活包含各種特定活動的實行，教育的功能即在預備個人未來的生活，亦即適當地準備個人的各種特定活動。他採用活動分析的方法，劃分人類生活的主要領域為十類活動。事實

上，這些活動內容的詳敘即是教育目標的內涵。Charters 響應 Bobbitt 的理念，在一九二四年企圖以工作分析（job analysis）的方法，建構課程。他首先決定教育的理想，其次確認達成理想的活動，最後分析活動成為工作的單元（Charters, 1923: 102）。這些工作單元即是教育的目標。Bobbitt 和 Charters 的課程建構一開始即帶有科學的、行為的，及工作分析的性質。

　　一九四九年 Tyler 發表《課程與教學的基本原理》（*Basic principles of curriculum and instruction*）一書，主張學校是一所具有目的的機構，教育是一種含有意圖的活動。他在書中提出四個問題，以作為設計課程和教學的理論基礎。這四個問題是：

　　1. 學校應當尋求達成哪些教育目的或目標？

　　2. 我們要提供哪些教育經驗，始能達成所訂的目的或目標？

　　3. 這些教育經驗如何才能有效地加以組織？

　　4. 我們如何能夠確定這些目的或目標業已達成？

　　顯然，這是一種目標導向的模式。首先訂定目標，Tyler 認為目標要依據學習者（其發展、需要、興趣等）、當前的社會生活、學科的性質、學習心理學，及哲學或一套價值體系等來源而擬訂；其次，根據所訂目標，選擇能夠達成目標的教育經驗；再次，這些所選的教育經驗相當零碎和片斷，需要加以組織，使其產生意義，俾教師方便教學，學生容易學習；最後，設計評量工具加以評鑑，以了解所選的教育經

驗是否達到預先所訂的目標。在 Tyler 的理念中，課程乃是朝向教育目的的一種手段，這一模式因此也稱為「手段－目的模式」（means-end model）（見圖二）。

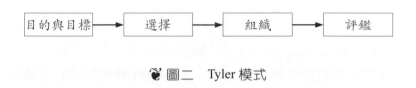

目的與目標　→　選擇　→　組織　→　評鑑

🍀 圖二　Tyler 模式

Tyler 視「目的」（purposes）與「目標」（goals, objectives）同義。認為目標的內涵應當包括學生所要發展的行為，和這一行為所要操作的內容，亦即包括「行為」和各層面的「內容」。Tyler 的目標已深含「行為目標」（behavioral objectives）的意味。課程和教學的設計，以學生將來所要表現的具體行為為第一步驟，這是目標模式的本質。

㈥學科或知識結構的課程取向——Jerome Bruner

一九五七年，蘇俄發射人造衛星（Sputnik）成功，引發美國的恐慌，蘇俄在太空競賽中搶先一步。

一九五九年九月，美國包括心理學家、科學家及數學家等三十五位學者，在麻州 Cape Cod 的 Woods Hole 召開十天的會議，Bruner 擔任會議主席。這次會議的結論，Bruner 執筆，

以《教育的過程》（*The process of education*）為名，於一九六○年出版。Bruner 希望藉由此書，透過一個十分不同種類的透鏡觀察課程——將複雜的知識綜合成可以遷移的大量東西。這本著作成為一九六○年代一項課程的宣言，因而標示著一個轉折點。

Bruner 強調認知的背景及知識的應用。他將課程的焦點放在一門學科主要概念的要素，並以激發學生討論的方式，提供知識的統整，促進思考能力（Marshall, Sears, & Schubert, 2000: 46）。

在《教育的過程》一書中，Bruner 提到學習行為的主要目的，在它將來能為我們服務。學習服務未來的方式有兩種：第一種是訓練的特定遷移，大致用在技能方面；第二種透過非特定的遷移，或稱原理和態度的遷移。學生一開始學習一個一般觀念，然後這個一般觀念可以用作認識後繼問題的基礎。學生學到的觀念越是基本，則其對新問題的應用性就越寬廣。這種類型的遷移乃是教育過程的核心（Bruner, 1960: 17）。

課程編製的問題是雙重的：一是重新編寫基礎科目及改進其教學材料，並將基礎科目中普遍及重要的觀念和態度，放在中心的角色；二是不同層次的材料與學校裡不同年級、不同能力的學生相配合（Bruner, 1960: 18）。

Bruner（1960: 23-26）認為至少有四項一般性的主張，可

用來作為教學一個科目的基本結構：

1. 了解科目基本原理，俾易理解一個科目。

2. 將複雜的教材放進一個有結構的模式裡，則容易記憶。詳細的材料藉由簡化的表達方式，容易保存在記憶中。這可稱為「再生的」（regenerative）性狀。

3. 理解基本原理和觀念，顯然是通向適當的「訓練的遷移」的主要進路。將某種東西作為更一般性的情況的特定事例去理解，則不僅學到該特定事例，而且也學到理解其他類似事物的模式。

4. 主張教學時強調結構和原理，意即藉由經常複查中小學教材的基本特性，即能縮小「高級」知識與「初級」知識之間的差距。

　　Bruner 的課程理論深刻地影響了其後的美國課程，尤其是科學相關課程的發展。

二、當代課程論述

㈠課程的概念重建

　　一九七一年，J. B. MacDonald 發表〈課程理論〉（Curriculum theory）一文。他在文中確認三個主要陣營，闡述課程理論化的見解：

1. 第一陣營視理論為應用的課程發展與研究的指導架構，為評鑑課程發展的工具。因此，理論成為指示及指導與課程相關的實踐活動的一個開端。

2. 第二陣營是較為年輕的理論化學者，他們致力於較為傳統的社會理論概念。他們企圖確認及描述課程中變項及變項間的關係。此一理論的目的在性質上主要是概念的，研究是要用來作為課程變項及變項間關係的實徵測定，而不是作為檢驗課程處方的效率及效能。

3. 第三陣營將理論的工作視為一種創造的心智工作。他們認為這種工作不應當用來作為處方的基礎，也不應該用來作為原理和變項間關係的實徵檢驗。這類學者的目的在發展及批判概念模式，希望以新的方式討論課程，認為這傾向不久的將來會到來，並且更具成果。

Pinar一九七五年在其所編的《課程理論化：概念重建主義者》（*Curriculum theorizing: The reconceptualists*）的前言中，延續 MacDonald 的觀點，將課程理論學者分為三類：

1. 傳統主義課程學者（traditionalists）——這一領域的特色是「實用的」，是課程發展、設計、實施及評鑑的具體工作。他們大部分著作的根本要點是想要作為學校工作者的指導。這類著作大部分是缺乏理論的；指導那些想

要知道「方法」的學校人員；它是實用的。這類著作是想要指導實務工作者。以 Tyler 為主要代表人物。

2. 概念及經驗主義課程學者（conceptual-empiricists）——這類學者滲透著當前社會科學的理論和實踐。他們如同當代社會及行為科學的大部分工作一樣，以實徵的方式探究「現象」，著眼於預測和行為控制的目標。以 Schwab 為代表。

3. 概念重建主義課程學者（reconceptualists）——他們探討課程的主要方式是人文學科的，而人文學科領域則涉及歷史、哲學及文學。他們的研究傾向於關注共同世界中內部與存在的經驗，而不在「行為的改變」或「課堂中的決定」。他們的研究是有關暫時性、超越性、意識及政治等的問題。簡言之，這類學者企圖要理解教育經驗的本質。以 Pinar 為代表。

　　Pinar 在一九八八年發表〈課程研究的概念重建〉（The reconceptualization of curriculum studies）一文，認為課程傳統領域的特色在行為目標、規畫及評鑑。概念重建學者挑戰此一傳統，認為課程研究的功能不在發展及管理，而在踏實地理解教育經驗，尤其是其政治的、文化的、性別的及歷史的層面。過去二十年來（即一九六〇年代），課程已從單一的實務取向的領域，重新建構其概念為更多理論的、歷史的研究取向的領域（Pinar, 1999: 484）。Pinar 在此時澄清，認為根

本沒有所謂「概念重建主義」的觀點，也沒有「概念重建主義」的多樣觀點（Pinar, 1999: 489-490）。至此，「Reconceptualists」或「Reconceptualism」大致很少出現在 Pinar 的文獻中。

Tyler在課程領域研究的統治優勢業已過去。然而，如同一顆在其他銀河系正在消失的星星，每人依其位置，需要花費若干年去觀察。這一事實說明，課程的概念重建明顯已經來臨（Pinar, 1999: 490）。

Miller 在一九九八年寫了〈重建課程概念：一種個人及部分的經歷〉（Curriculum reconceptualized: A personal and partial history）一文，文中指出課程概念重建學者努力了二十多年，目的在將課程的研究，從傳統的管理、專家技術及實證的取向，移到多重意義、多種觀點的課程理論化（Pinar, 1999: 498-499）。概念重建乃是發展不同觀點的工作。他們需要不斷地挑戰管理式的課程觀點，以及專家技術的、非政治的及非歷史的課程建構（Pinar, 1999: 505）。傳統課程概念採用的是教育的技術方法，將內容、教學及學習分開成分立的、可測量的及可觀察的行為及產出單位。這是一種靜態的課程定義，將課程視為一種預先決定的、直線式的、失去個性的及分立的知識體。這種定義完全無法預測或控制複雜生活的重要性。這種定義乃是課程概念重建學者所要揭露及挑戰的（Pinar, 1999: 506）。

一九八一年，Pinar 在 H. A. Giroux 等人所編的《課程與
教學》（*Curriculum and instruction*）中，發表了一篇〈課程研
究 的 概 念 重 建〉（The reconceptualization of curriculum stu-
dies），他在結論中說到，我們並非面對一項唯一而排他的選
擇：是選課程領域的傳統智慧，或選概念—經驗主義，或是
概念重建觀點，它們每一個依賴另一個。為使課程成為美國
教育富有生命力及重要的領域，必須每一時刻都要提供營養；
它必須努力於綜合；對於課程提供一系列的觀點——同時是
經驗的、解釋的、批判的及解放的（Giroux, Penna & Pinar,
1981: 98）。Pinar 這一觀點事實上預示了課程研究未來的走
向。

(二)當代的課程論述

Pinar 在一九七〇年代開始倡導的課程概念重建理念，藉
由 Bergamo 年會的召開及期刊雜誌《課程理論化》（*Journal
of Curriculum Theorizing*，現改名為 *JCT：Journal of Curriculum
Theorizing*）的發行，影響層面相當廣泛及深刻。這種理念的
傳播逐漸形成當前的課程論述。

一九八八年，Pinar 主編一本《當代課程論述》（*Contem-
porary curriculum discourses*），書中主要分成五部分，探討當
前課程的論述：歷史研究、政治分析、美學評論、現象學研

究及女性主義研究。

　　隨著學術的進步，百家爭鳴，當代課程論述的範圍越來越廣，越來越深入。Pinar 等人在一九九五年出版《理解課程》（*Understanding curriculum*）一書，書中除了「理解課程為歷史文本」之外，尚介紹了「理解課程為政治文本」、「理解課程為後結構、解構及後現代文本」、「理解課程為自傳／傳記文本」、「理解課程為美學文本」、「理解課程為神學文本」、「理解課程為制度化文本」及「理解課程為國際文本」。這些論述並不是各自分立，互不相關的，而是互相滲透的，不但單一論述之間跨出邊界，相互滲透，而且常是一個論述跨出若干論述，而形成多重滲透。

　　Pinar等人《理解課程》的貢獻大概可歸為兩項：一是將課程的論述分為十一種（含歷史論述），並相當詳細的介紹每一論述，只是稍欠以一個中心思維貫穿整個論述；另外，這麼多的文獻歸納之後，成為十一種論述，其分類的理據似未充分說明，且是否足夠周延，有待深入探究。二是將一九九五年之前的文獻蒐集了三千五百筆左右，這樣豐富的資料，對於有志課程理解研究者助益甚大。

三、展望

(一)台灣課程研究與發展的簡略回顧

1. 台灣從過去到現在，課程的研究與發展幾乎是在 Tyler 目標模式的統治之下。課程標準的制訂、教科書的編寫等，都採用目標導向的課程發展，甚至早期的學位論文也是如此。事實上，美國課程的研究與發展，Tyler 的影子始終沒有離開過，尤其是課程設計和教科書的編寫。Tyler 模式是一種合理的課程模式，但是非唯一可以自立而排他的模式。

2. 約在一九八〇年代，台灣有一個由政府支持的小學社會科的研究及發展，主持人是黃炳煌教授。這一小組的學者及課程實務工作者，認真的借用 Bruner 的知識結構課程發展，邀請社會科學各領域的學者（Bruner 的 Woods Hole 會議的成員獨缺課程學者），從事各學門基本概念的分析及通則的建立。這個小組經過長時間研究與合作，完成了以知識結構為導向的國小社會科教學設計。但是，這一套課程設計似未轉化成教科書。

3.最近幾年，一些年輕學者試圖以 Schwab 及 Reid 的「慎思籌畫」（deliberation）的理念，切入課程的研究，得到不錯的成果，這是屬於Pinar所說的「概念－經驗主義」的課程觀點。另外一些年輕學者從事課程意識的研究，建立較綜合式的課程理論，希望與課程實踐相結合。

4.多年來有一些中年及資深學者，以某一個學術領域，如後現代、現象學、批判理論、知識社會學等，作為依據，發展他們的課程理論。

(二)台灣課程研究的去向

探討課程史，課程總是不斷地在探討三項課題：學習者、社會及教材。

就學習者而言，多年來台灣課程的設計及教科書的編寫，大致是社會取向、成人取向、政策取向，幾乎少關心到學習者的心理發展、能力、興趣等等。現在的課程研究應是兼顧學習者的時候。心理的發展常是受到成長環境，諸如社會、歷史、文化等的影響，而不是在真空中，一片空白的環境發展。因此，本土的學習者心理研究，是研究及規畫課程的重要基礎。

就社會而言，到底學校教育是要適應社會的需求，或引導社會發展，進而改造社會？雖然教育學者的雄心是引領社

會未來發展，但是衡諸事實，學校教育、學校課程適應社會的需求，恐已不及，根本無法致力社會的改造。適應社會與改造社會，並非「非此即彼」，而今後應在較能適應社會需求的基礎上，兼顧社會發展的引領。社會往哪些方向發展，則有待相關學術領域及政府相關部會的規畫。

就教材而言，這部分涉及經驗與課程。Bruner 寄望學科專家投入課程的發展，用意在他們較能認識其專門領域的學術進展，並反映在課程中，學校教材所含的各科知識能及時反映出來。如果學科專家能具備課程領域的專業知能，課程學者能具備某一專門學科的素養，則台灣課程研究將更上一層樓。再者，台灣的小學課程常是與兒童生活經驗脫節的，這部分的連結，有待更多的研究。

學習者、社會與教材間不是相互孤立、各自為政的，課程研究需要不斷的研究它們彼此的關係。比如，兒童中心與社會中心的關係，兒童認知結構與教材組織的關係等等，這樣發展的課程應是較為理想的。

台灣的課程研究，尤其是課程設計，常被批評為缺乏理論依據。課程理論的建立是一項十分艱巨的工程。美國發展多種課程論述，百花爭豔，百家爭鳴。如果它們最後建立各自的理論，彼此無關，且相互攻訐，則課程實務工作者將何去何從？可能迷失在課程理論的叢林中，無法突破困境，安然返回。

　　目前台灣課程的論述，僅在介紹美國若干不同派別的觀點。我們要衡量台灣的文化、歷史及社會等環境，參照外國的不同派別觀點，建立自己的課程理論，也讓台灣課程的研究蓬勃發展。但是，建立多種課程理論派別之後，它們之間如何建立關係，彼此自立、滲透或攻訐？它們如何與課程實務建立關係，形成理論與實踐的辯證循環，豐富彼此的內涵？美國的經驗，我們得到的教訓，當可作為台灣課程理論研究的一個方向。

參考文獻

一、中文部分

王承緒（等譯）（1991）。Mayhew & Edwards 原著。杜威學校。上海市：華東師範大學。

邵瑞珍（譯）（1982）。Bruner 原著。教育過程。北京市：文化教育。

單中惠、馬曉斌（譯）（1994）。Cremin 原著。學校的變革。上海市：上海教育。

趙祥麟（等譯）（1994）。Dewey 原著。學校與社會・明日之學校。北京市：人民教育。

二、英文部分

Aikin, W. M. (1942). *The story of eight-year study: With conclusions and recommendations*. New York: Harper and Brothers.

Bobbitt, F. (1918). *The curriculum*. Boston: Houghton Mifflin.

Bobbitt, F. (1924). *How to make a curriculum*. Boston: Houghton Mifflin.

Bode, B. H. (1937). *Modern educational theories*. New York: The Macmillan.

Bode, B. H. (1938). *Progressive education at the crossroads*. New York: Newson.

Brown, S. I., & Finn, M. E. (Eds.) (1988). *Readings from progressive education: A movement and its professional journal, Vol. I.* Lanham: University Press of America.

Charters, W. W. (1923). *Curriculum construction*. New York: The Macmillan.

Connell, W. F. (1980). *A history of education in the twentieth century world*. New York: Teachers College Press.

Counts, G. S. (1932). *Dare the school build a new social order?* New York: The John Day .

Cremin, L. A. (1964). *The transformation of the school: Progressivism in American education, 1876-1957*. New York: Vintage

Book.

Davis, Jr. O. L. (Ed.) (1976). *Perspectives on curriculum development, 1776-1976*. Washington D. C.: ASCD.

DeGarmo, C. (1895). *Herbart and herbartians*. New York: Charles Scribner's Sons.

DePencier, I. B. (1967). *The history of the laboratory schools: The university of Chicago, 1896-1965*. Chicago: Quadrangle.

Dewey, J. (1895?). Plan of organization of the university primary school. In J. A. Boyston (Ed.) (1972), *John Dewey: The early works 1882-1898. Vol. 5: 1895-1898*. Carbondale and Edwardsvill, IL: The Southern Illinois University Press.

Dewey, J. (1896?). The need for a laboratory school. In J. A. Boyston (Ed.) (1972), *John Dewey: The early works 1882-1898. Vol. 5: 1895-1898*. Carbondale and Edwardsvill, IL: The Southern Illinois University Press.

Dewey, J. (1896a). A pedagogical experiment. In J. A. Boyston (Ed.) (1972), *John Dewey: The early works 1882-1898. Vol. 5: 1895-1898*. Carbondale and Edwardsvill, IL: The Southern Illinois University Press.

Dewey, J. (1896b). The university school. In J. A. Boyston (Ed.) (1972), *John Dewey: The early works 1882-1898. Vol. 5:. 1895-1898*. Carbondale and Edwardsvill, IL: The Southern Illinois University Press.

Dewey, J. (1928). Progressive education and science of education. In J. A. Boyston (Ed.) (1984), *John Dewey: The later works, 1925-1953. Vol. 3:1927-1928*. Carbondale and Edwardsvill, IL: The Southern Illinois University Press.

Dewey, J. (1930). How much freedom in new schools. In J. A. Boyston (Ed.) (1984), *John Dewey: The later works, 1925-1953. Vol. 5: 1929-1930*. Carbondale and Edwardsvill, IL: The Southern Illinois University Press.

Dewey, J. (1975). *Moral principles in education*. London: Feffer and Simons.

Dewey, J. (1900). *The school and society • The child and the curriculum*. Chicago: The University of Chicago Press.

Dunkel, H. B. (1970). *Herbart and herbartianism: An educational ghost story*. Chicago: The University of Chicago Press.

Fliss, M. (1988). *The pilgrim's progress: The progressivism of francis wayland parker (1837-1902)*. Unpublished doctoral dissertation. The University of Pennsylvania.

Giroux, H. A., Penna, A. N., & Pinar, W. (Eds.) (1981). *Curriculum and instruction*. Berkeley: McCutchan.

Gould, L. L. (Ed.) (1974). *The progressive era*. Syracuse, N.Y.: Syracuse University Press.

Graham, P. A. (1967). *Progressive education from arcady to academe: A history of the progressive education association, 1919-1955*. New York: Teachers College Press.

Gutek, G. L. (1970). *The educational theory of George S. Counts*. Columbus, Oh: Ohio State University Press.

Hamilton, D. (1990). *Curriculum history*. Geelong: Deakin University Press.

Herbart, J. F. (1892). *The science of education: The general principles deduced from its aim and the aesthetic revelation of the world*. Trans. by Henry M. and Emmie Felkin. London: Swan Sonnenschein.

Kliebard, H. M. (2004). *The struggle for the American curriculum, 1893-1958* (3rd ed.). New York: Routledge/ Falmer.

Marshall, D., Sears, J. T., & Schubert, W. H. (2000). *Turning points in curriculum: A contemporary American memoir*. Upper Saddle River, N.J.: Prentice-Hall.

Mayhew, K. C., & Edwards, A. C. (1936). *The Dewey school: The laboratory school of the university of Chicago, 1896-1903*. New York: Atherton Press.

Parker, F. W. (1891). *Notes of talks on teaching*. New York: E. L. Kellogg.

Parker, F. W. (1894). *Talks on pedagogics: An outline of the theory of concentration*. New York: E. L. Kellogg.

Pinar, W. F. (Ed.) (1975). *Curriculum theorizing: The reconceptua-lists*. Berkeley: McCutchan.

Pinar, W. F. (Ed.) (1988). *Contemporary curriculum discourses*. Scottsdale, Arizona: Gorsuch Scarisbrik.

Pinar, W. F. (Ed.) (1999). *Contemporary curriculum discourses: Twenty years of JCT*. New York: Peter Lang.

Pinar, W. F., Reynolds, W. M., Slattery, P., & Taubman, P. M. (1995). *Understanding curriculum*. New York: Peter Lang.

Rugg, H. & Schumaker, A. (1928). *The child-centered school: An appraisal of the new education*. Yonkers-on-Hudson, N.Y.: World Book.

Spencer, H. (1911). *Essays on education and kindred subject*. London: J. M. Dent & Sons.

Squire, J. R. (Ed.) (1972). *A new look at progressive education*. Washington D.C.: ASCD.

Squel, M. L. (1966). *The curriculum field: Its formative years*. New York: Teachers College Press.

Stone, M. (2001). *The progressive legacy: Chicago's Francis W. Parker school (1901-2001)*. New York: Peter Lang.

Tanner, D., & Tanner, L. (1990). *History of the school curriculum*. New York: Macmillan.

Tanner, L. (1997). *Dewey's laboratory school: Lessons for today.* New York: Teacher College Press.

Taylor, F. W. (1998). *The principles of scientific management.* Mineola, N.Y.: Dover.

Tyler, R. W. (1949). *Basic principles of curriculum and instruction.* Chicago: The University of Chicago Press.

Whipple, G. M. (Ed.) (1926). *The foundations and technique of curriculum construction. part I. Curriculum-making: Past and present. The twenty-sixth yearbook of the national society for the study of education.* Bloomington, IL: Public School.

Wirth, A. G. (1966). *John Dewey as educator: His design for work in education (1894-1904).* New York: John Willy & Sons.

Zilversmit, A. (1993). *Changing Schools: Progressive Education Theory and Practice, 1930-1960.* Chicago: The University of Chicago Press.

國家圖書館出版品預行編目資料

教育名家論教育／財團法人臺北市賈馥茗教授
教育基金會主編. -- 初版. -- 臺北市：心
理, 2005[民 94] 面；公分. -- (名家講座；4)

ISBN 957-702-837-3 (平裝)

1. 教育——論文, 講詞等

520.7   94018917

名家講座 4　　**教育名家論教育**

主　　編：財團法人臺北市賈馥茗教授教育基金會
執行編輯：林怡倩
總 編 輯：林敬堯
出 版 者：心理出版社股份有限公司
社　　址：台北市和平東路一段 180 號 7 樓
總　　機：(02) 23671490　　傳　　真：(02) 23671457
郵　　撥：19293172　心理出版社股份有限公司
電子信箱：psychoco@ms15.hinet.net
網　　址：www.psy.com.tw
駐美代表：Lisa Wu　Tel：973 546-5845　Fax：973 546-7651
登 記 證：局版北市業字第 1372 號
電腦排版：臻圓打字印刷有限公司
印 刷 者：玖進印刷有限公司
初版一刷：2005 年 12 月

定價：新台幣 200 元　■ 有著作權‧侵害必究 ■
ISBN 957-702-837-3

讀者意見回函卡

No. _____　　　　　　　　　　　填寫日期：　年　月　日

感謝您購買本公司出版品。為提升我們的服務品質，請惠填以下資料寄回本社【或傳真(02)2367-1457】提供我們出書、修訂及辦活動之參考。您將不定期收到本公司最新出版及活動訊息。謝謝您！

姓名：_____　　性別：1□男　2□女

職業：1□教師 2□學生 3□上班族 4□家庭主婦 5□自由業 6□其他____

學歷：1□博士 2□碩士 3□大學 4□專科 5□高中 6□國中 7□國中以下

服務單位：_____　部門：_____　職稱：_____

服務地址：_____　電話：_____　傳真：_____

住家地址：_____　電話：_____　傳真：_____

電子郵件地址：_____

書名：_____

一、您認為本書的優點：（可複選）

❶□內容 ❷□文筆 ❸□校對 ❹□編排 ❺□封面 ❻□其他____

二、您認為本書需再加強的地方：（可複選）

❶□內容 ❷□文筆 ❸□校對 ❹□編排 ❺□封面 ❻□其他____

三、您購買本書的消息來源：（請單選）

❶□本公司 ❷□逛書局⇨_____書局 ❸□老師或親友介紹

❹□書展⇨____書展 ❺□心理心雜誌 ❻□書評 ❼其他_____

四、您希望我們舉辦何種活動：（可複選）

❶□作者演講 ❷□研習會 ❸□研討會 ❹□書展 ❺□其他____

五、您購買本書的原因：（可複選）

❶□對主題感興趣 ❷□上課教材⇨課程名稱_____

❸□舉辦活動 ❹□其他_____　　　　（請翻頁繼續）

| 廣 告 回 信 |
| 台 北 郵 局 登 記 證 |
| 台北廣字第 940 號 |

（免貼郵票）

心理出版社 股份有限公司

台北市 106 和平東路一段 180 號 7 樓

TEL: (02) 2367-1490
FAX: (02) 2367-1457
EMAIL:psychoco@ms15.hinet.net

沿線對折訂好後寄回

六、您希望我們多出版何種類型的書籍

❶□心理 ❷□輔導 ❸□教育 ❹□社工 ❺□測驗 ❻□其他

七、如果您是老師，是否有撰寫教科書的計劃：□有□無

書名／課程：_____

八、您教授／修習的課程：

上學期：_____

下學期：_____

進修班：_____

暑　假：_____

寒　假：_____

學分班：_____

九、您的其他意見

_____

謝謝您的指教！   71004